John C. Maxwell

Segredos da liderança

Tradução
Valéria Delgado e Jorge Camargo

Thomas Nelson
BRASIL®
Rio de Janeiro, 2022

Título original: Leadership 101

Copyright © 2002, 2003, 2003, 2002 por John Maxwell
Edição original por Thomas Nelson, Inc. Todos os direitos reservados.
Copyright da tradução © Thomas Nelson Brasil, 2008.

Publisher	Omar de Souza
Editores Responsáveis	Aldo Menezes e Samuel Coto
Coordenação de produção	Thalita Aragão Ramalho
Tradução	Valéria Delgado e Jorge Camargo
Capa	Rafael Brum
Revisão	Margarida Seltmann
	Cristina Loureiro de Sá Neves Motta
	Joanna Barrão Ferreira
	Daniel Borges
Projeto gráfico e diagramação	Lúcio Nöthlich Pimentel

CIP-BRASIL. CATALOGAÇÃO NA FONTE
SINDICATO NACIONAL DOS EDITORES DE LIVROS, RJ

M419s

Maxwell, John C., 1947-
    Segredos da liderança / John C. Maxwell; [tradução Valéria Lamim Delgado Fernandes e Jorge Camargo]. - Rio de Janeiro: Vida Melhor, 2015.

Tradução de: Leadership 101
ISBN 978.85.7860.826-2

1. Liderança. 2. Sucesso. I. Título.

CDD: 658.4092
CDU: 658:316.46

Todos os direitos reservados à Vida Melhor Editora LTDA.
Rua da Quitanda, 86, sala 218 — Centro
Rio de Janeiro, RJ — CEP 20091-005
Tel.: (21) 3175-1030
www.harpercollins.com.br

Sumário

Capítulo 1
O desenvolvimento de um líder......................................05

Capítulo 2
As características de um líder...23

Capítulo 3
O impacto de um líder...51

Notas..91

Capítulo 1

O DESENVOLVIMENTO DE UM LÍDER

Por que devo tornar-me um líder?

QUANTO MAIS DESENVOLVIDA A LIDERANÇA, MAIOR A SUA EFICÁCIA

Costumo abrir minhas conferências sobre liderança explicando o que chamo de Lei do Limite, uma vez que se trata de algo que ajuda as pessoas a compreenderem o valor da liderança. Se você puder compreender esse princípio, perceberá o incrível impacto que a liderança exerce sobre todos os aspectos da vida. O princípio é o seguinte: a capacidade de liderança é o limite que determina o nível de eficácia de uma pessoa. Quanto menor a capacidade que um indivíduo tem de liderar, mais baixo será o limite, bloqueando seu nível potencial. Quanto mais desenvolvida a liderança, maior a sua eficácia. Por exemplo, caso sua liderança mereça nota 8, então sua eficácia jamais será maior do que 7. Caso sua liderança receba apenas um 4, sua eficácia não será maior do que 3. Sua capacidade de liderança — para melhor ou para pior — sempre determina sua eficácia e o impacto potencial de sua organização.

Deixe-me contar uma história que ilustra a Lei do Limite. Em 1930, dois jovens irmãos chamados Dick e Maurice mudaram de New Hampshire para a Califórnia em busca da realização do "sonho americano". Haviam concluído o ensino médio havia pouco tempo e ambos vislumbravam poucas oportunidades em sua cidade natal. Então, foram direto para Hollywood, onde, finalmente, encontraram emprego em um estúdio cinematográfico.

Algum tempo depois, o espírito empreendedor e o interesse pela indústria do entretenimento os levaram a montar um teatro em Glendale, cidade a aproximadamente oito quilômetros a nordeste de Hollywood. Entretanto, a despeito de seus esforços, os irmãos simplesmente não conseguiram fazer com que o negócio fosse lucrativo; por isso saíram à procura de uma oportunidade empresarial melhor.

UMA NOVA OPORTUNIDADE

Em 1937, os irmãos abriram um pequeno restaurante drive-in em Pasadena, a leste de Glendale. Como as pessoas no sul da Califórnia eram mais dependentes de carros na década de 1930, os restaurantes drive-in surgiram em todos os lugares. Os clientes estacionavam o carro em uma área que ficava ao redor de um pequeno restaurante, faziam seus pedidos com as garçonetes e recebiam a comida em bandejas dentro do carro. A comida era servida em louças de porcelana, com utensílios de vidro e de metal.

O pequeno restaurante drive-in de Dick e Maurice foi um grande sucesso, e, em 1940, ambos instalaram o sistema em San Bernardino, uma cidade próspera, com população, em sua maioria, da classe operária, a oitenta quilômetros a leste de Los Angeles. Os irmãos construíram um estabelecimento maior e ampliaram o cardápio de cachorros-quentes, batatas fritas e sucos, incluindo sanduíches de churrasco e de carne de porco, hambúrgueres e outros itens. O negócio se expandiu grandemente. As vendas anuais chegaram à casa dos duzentos mil dólares, e os dois sócios chegaram a repartir cinquenta mil dólares em lucros todos os anos, quantia que os colocou na elite econômica da cidade.

Por volta de 1948, a intuição de que os tempos estavam mudando levou-os a fazerem alterações no restaurante. Assim, dispensaram as garçonetes e começaram a servir somente aos clientes que entravam no restaurante. Enxugaram o cardápio e concentraram-se na venda de hambúrgueres. Eliminaram os pratos e os utensílios de vidro e de metal, passando a utilizar produtos de papel, descartáveis. Reduziram os custos e os preços que cobravam dos clientes. Além disso, criaram o que chamaram de *Speedy Service System* (Sistema de serviço rápido). A cozinha transformou-se em uma linha de montagem, em que cada pessoa se concentrava em servir com rapidez. Sua meta era atender o pedido de cada cliente em trinta segundos ou menos. Tiveram sucesso. Em meados da década de 1950, a renda anual deles chegou aos 350 mil dólares, e, na época, Dick e Maurice dividiam lucros líquidos de aproximadamente cem mil dólares ao ano.

Quem eram esses irmãos? Na frente de seu pequeno restaurante, havia um sinal luminoso pendurado que simplesmente dizia Hambúrgueres McDonald's. Dick e Maurice McDonald tiraram a sorte grande norte-americana, e o restante, como dizem, é história, certo? Errado. Os McDonald's nunca foram além disso, porque sua frágil liderança serviu de obstáculo para sua capacidade de sucesso.

A HISTÓRIA POR TRÁS DA HISTÓRIA

É verdade que os irmãos McDonald adquiriram certa estabilidade financeira. Eram proprietários de um dos restaurantes mais lucrativos do país, e sua genialidade estava no atendimento ao cliente e na organização da cozinha, o que levou ao surgimento de um novo sistema de fornecimento de refeições. Na realidade, o talento dos dois ficou tão conhecido dentro desse ramo de atividade que pessoas de todas as partes do país mostraram interesse em aprender mais sobre os métodos que usavam. Houve uma época em que eles chegaram a receber mais de trezentas ligações e cartas por mês. Isso os levou a pensar em colocar o conceito McDonald's no mercado.

A ideia de franquearem restaurantes persistiu por várias décadas. Para os irmãos McDonald era uma maneira de ganhar dinheiro sem a necessidade de abrir outro restaurante. Em 1952, fizeram a primeira experiência, mas seu esforço foi um verdadeiro fracasso. A razão era simples: faltava-lhes a liderança necessária para tornar o negócio eficiente.

Dick e Maurice eram bons proprietários de restaurante. Sabiam administrar um negócio, tornar seus sistemas eficientes, cortar gastos e aumentar lucros. Eram gerenciadores eficientes. Entretanto, não eram líderes. O padrão de pensamento dos dois restringia suas realizações e aquilo em que seriam capazes de se transformarem. No auge do sucesso, Dick e Maurice foram derrubados pela Lei do Limite.

A PARCERIA DOS IRMÃOS COM UM LÍDER

Em 1954, os irmãos associaram-se a um homem chamado Ray Kroc, um líder *de verdade*. Kroc administrava uma pequena empresa que montou para vender máquinas de preparar *milk-shakes*. O McDonald's era um de seus melhores clientes, e, tão logo visitou o estabelecimento, teve uma visão do potencial da empresa. Em sua mente, conseguia visualizar o restaurante espalhado por todo o país em centenas de mercados. Logo fechou um acordo com Dick e Maurice e, em 1955, instituiu a McDonald's System, Inc. (mais tarde chamada de McDonald's Corporation).

Kroc imediatamente comprou os direitos de uma franquia para que pudesse usá-la como modelo e protótipo para a venda de outras franquias. Em seguida, começou a montar uma equipe e criar uma organização para que o McDonald's se tornasse uma instituição de âmbito nacional.

Nos primeiros anos, Kroc fez muitos sacrifícios. Embora estivesse com cinquenta e poucos anos de idade, trabalhava horas a fio, como havia feito quando iniciou seu primeiro negócio trinta anos antes. Abriu mão de tudo o que fosse dispensável, como seu título de sócio de um clube de campo, o que, como disse mais tarde, rendeu dez tacadas em seu jogo de golfe. Durante seus primeiros oito anos com o McDonald's, não recebeu salário. Além disso, pediu empréstimo ao banco e resgatou seu seguro de vida para ajudar a cobrir os salários de alguns dos principais líderes que pretendia manter na equipe. Seu sacrifício e sua liderança foram recompensados. Em 1961, pela quantia de 2,7 milhões de dólares, Kroc comprou dos irmãos os direitos exclusivos do McDonald's e continuou a transformá-lo em uma instituição norte-americana e entidade global. O "limite" na vida e na liderança de Ray Kroc ficava, obviamente, muito mais acima do que o de seus predecessores.

Nos anos em que Dick e Maurice McDonald tentaram franquear seu sistema de fornecimento de produtos alimentícios, conseguiram vender o conceito apenas para 15 compradores, entre esses, somente dez abriram, de fato, seus restaurantes. Por outro lado, o nível de liderança na vida de Ray Kroc estava muito acima. Entre 1955 e 1959, Kroc conseguiu abrir cem restaurantes. Quatro anos depois, contava com quinhentos McDonald's. Hoje a empresa tem mais de 21 mil restaurantes em mais de cem países.[1] A capacidade de liderança, ou, mais especificamente, a incapacidade de liderança, foi o limite que obstruiu a eficácia dos irmãos McDonald.

SUCESSO SEM LIDERANÇA

Acredito que o sucesso esteja ao alcance de quase todos. Entretanto, acredito também que o sucesso pessoal sem a capacidade de liderança produz apenas eficácia limitada. O impacto causado por uma pessoa é apenas uma fração daquilo que poderia ser se ela tivesse uma boa liderança. Quanto mais alto quiser subir, maior será sua necessidade de liderar. Quanto maior o impacto que quiser causar, mais influente precisará ser. Tudo o que você realiza está restrito a sua capacidade de liderança.

Deixe-me ilustrar o que quero dizer. Digamos que, no que se refere ao sucesso, você receba uma nota 8 (em uma escala de 1 a 10). Isso é muito bom. Acho que não haveria risco nenhum em dizer que os irmãos McDonald estavam nessa faixa. Entretanto, digamos também que sua capacidade de liderança seja apenas 1. Seu nível de eficiência seria assim:

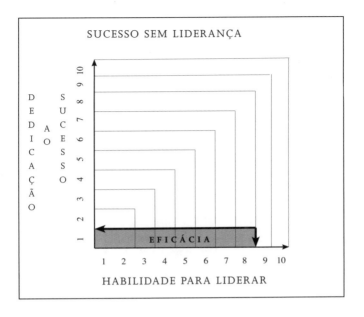

Para aumentar seu nível de eficácia, você tem algumas opções. Uma delas é trabalhar muito para aumentar sua dedicação ao sucesso e à excelência até atingir nota 10. É possível que consiga chegar a esse nível, embora a lei de diminuição de resultados diga que seu sucesso aumentará somente até certo ponto; depois disso, deixará de crescer na proporção da quantidade de trabalho que se investe nele. Em outras palavras, o esforço necessário para atingir esses dois últimos pontos poderia consumir mais energia do que aquela exigida para conseguir os primeiros 8 pontos, mas com muita dedicação, você seria capaz de aumentar em 25% seu sucesso.

Contudo, há outra opção. Digamos que você trabalhe muito para aumentar seu nível de liderança. Ao longo do tempo, desenvolve-se naturalmente como um líder e, finalmente, sua capacidade de liderança atinge nota 6. Os resultados seriam como mostra o gráfico a seguir.

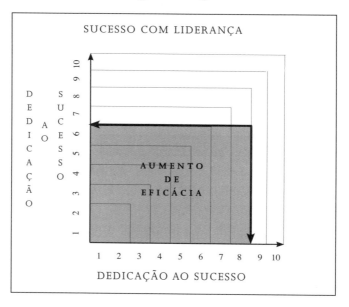

Ao elevar sua capacidade de liderança, sem investir esforços em sua dedicação ao sucesso, aumentará sua eficiência original em torno de 500%! Se aumentasse sua liderança para 8, ponto em que ela se igualaria a sua dedicação ao sucesso, você aumentaria sua eficiência em torno de 700%! A liderança tem efeito multiplicador. Vi seu impacto inúmeras vezes em todos os tipos de negócios e de organizações sem fins lucrativos. Eis por que ensino a respeito deste tema há mais de 25 anos.

PARA MUDAR A DIREÇÃO DA ORGANIZAÇÃO, TROQUE O LÍDER

A capacidade de liderança sempre é o limite que determina até onde vai a eficiência pessoal e organizacional. Se a liderança é forte, o limite fica em nível elevado. Do contrário, a organização permanece limitada. Essa é a razão por que, em momentos de dificuldade, as organizações naturalmente procuram uma nova liderança. Quando um país passa por momentos difíceis, elege novo presidente. Quando uma igreja está tropeçando, procura um novo pastor presidente. Quando um time não para de perder, procura um novo técnico. Quando uma empresa está perdendo dinheiro, contrata um novo diretor-executivo.

Alguns anos atrás, encontrei-me com Don Stephenson, presidente da Global Hospitality Resources, Inc., de San Diego, Califórnia, uma empresa internacional de consultoria e de assessoria em hotelaria. Durante o almoço, perguntei-lhe sobre sua organização. Hoje, o objetivo da empresa é basicamente prestar consultorias, mas, antes disso, a empresa assumiu o controle da gerência de hotéis e *resorts* que não estavam em boa situação financeira. A empresa supervisionou muitos estabelecimentos de qualidade, como o La Costa, no sul da Califórnia.

Don disse que toda vez que assumiam uma organização, sempre começavam fazendo duas coisas: primeiro, treinavam todo o pessoal para melhorar o nível de atendimento aos clientes e, segundo, demitiam o líder. Quando me disse isso, a princípio, fiquei surpreso.

— Vocês *sempre* demitem o líder? — perguntei. — Todas as vezes?

— Exato. Todas as vezes — ele disse.

— Não conversam primeiro com ele para ver se não é um bom líder? — perguntei.

— Não — ele respondeu. — Se ele fosse um bom líder, a organização não estaria naquela confusão.

Pensei comigo mesmo: *Sem dúvida. É a Lei do Limite.* Para atingir o nível mais alto de eficiência, é preciso elevar a tampa, de um modo ou de outro.

A boa notícia é que livrar-se do líder não é a *única* opção. Assim como ensino nas conferências que existe um limite no nível de eficiência, também mostro como colocar esse limite em um nível mais elevado.

Como tornar-me um líder?

A LIDERANÇA É ALGO QUE SE DESENVOLVE AOS POUCOS, NÃO DA NOITE PARA O DIA

Tornar-se um líder é bem parecido com investir com sucesso na Bolsa de Valores. Quem espera ganhar uma fortuna em um dia não será bem-sucedido. O mais importante é o que se faz em longo prazo. Meu amigo Tag Short afirma: "O segredo do sucesso está nos compromissos assumidos dia a dia." Se investir de forma contínua no desenvolvimento de sua liderança, permitindo que seus "recursos" aumentem, o resultado será, inevitavelmente, o crescimento com o passar do tempo.

Quando ensino sobre liderança em conferências, as pessoas geralmente perguntam se há líderes natos. Respondo sempre que, embora seja verdade que exista quem nasça com talentos naturais maiores do que os de outros, a capacidade de liderar é, na verdade, um conjunto de habilidades; quase todas podem ser aprendidas e aperfeiçoadas. Entretanto esse processo não acontece da noite para o dia.

A liderança é algo complicado. Tem muitas facetas: respeito, experiência, força emocional, habilidades pessoais, disciplina, visão, dinamismo, momento certo para agir... e a lista continua. Como se vê, muitos fatores em jogo na liderança são intangíveis. Essa é a razão por que se requer tanta maturidade de um líder para que seja eficaz. Foi apenas aos cinquenta anos que realmente comecei a compreender com clareza os diferentes aspectos da liderança.

AS QUATRO FASES DO DESENVOLVIMENTO DA LIDERANÇA

Quer você tenha, quer não uma grande habilidade natural para ser líder, é provável que seu desenvolvimento e seu progresso ocorram de acordo com as quatro fases seguintes:

Primeira fase — Não sei o que não sei

A maioria das pessoas não consegue reconhecer o valor da liderança. Acreditam que seja apenas para alguns — aqueles que estão no topo da escada empresarial. Não têm ideia das oportunidades que perdem quando não aprendem a liderar. Compreendi claramente essa questão quando o reitor da faculdade compartilhou comigo que apenas um pequeno grupo de alunos havia se inscrito em um curso sobre liderança oferecido pela escola. Por quê? Somente alguns pensavam em si como líderes. Se os demais soubessem que ter liderança é ter influência e que, no decorrer de cada dia, a maioria dos indivíduos normalmente tenta influenciar pelo menos quatro pessoas, talvez seu desejo de aprender mais sobre o assunto tivesse sido estimulado. Isso é lamentável, pois uma vez que uma pessoa não sabe o que não sabe, não cresce.

Segunda Fase — Sei o que não sei

Normalmente, em algum momento na vida, somos colocados em uma posição de liderança somente para olhar ao redor e descobrir que ninguém está nos seguindo. É nesse momento que passamos a perceber o quanto precisamos aprender a liderar. E, sem dúvida, é nesse momento que o início do processo se torna possível. Um primeiro-ministro inglês sabiamente comentou: "Estar ciente de que você desconhece os fatos é um grande passo para o conhecimento."

Foi o que aconteceu comigo quando assumi minha primeira posição de liderança, em 1969. Como dirigi equipes esportivas durante toda minha vida e fui presidente do centro acadêmico da faculdade, já me considerava um líder. Mas quando tentei liderar pessoas no mundo real, descobri a terrível verdade. Isso me levou a reunir recursos e a aprender com eles. Além disso, tive outra ideia: escrevi para os dez principais líderes de minha área e ofereci-lhes cem dólares por meia hora de seu tempo para fazer-lhes algumas perguntas. (Essa quantia era considerável para mim em 1969.) Nos anos seguintes, minha esposa, Margaret, e eu passamos a planejar nossas férias nos lugares em que essas pessoas viviam. Se um importante líder em Cleveland aceitasse meu pedido, então nossas férias naquele ano seriam em Cleveland, para que eu pudesse encontrar-me com ele. Minha ideia, de fato, valeu a pena. Aqueles homens compartilharam experiências comigo que, de outra forma, não teria como aprender.

Terceira Fase — Desenvolvo-me e aprendo, e isso começa a aparecer

Quando você reconhece sua falta de capacidade e dá início à disciplina diária do crescimento pessoal na liderança, coisas interessantes começam a acontecer.

Pouco tempo atrás eu estava dando uma palestra a um grupo em Denver e, no auditório, notei um jovem de 19 anos realmente atento chamado Brian. Por alguns dias, observei-o tomar notas com entusiasmo. Conversei com ele algumas vezes durante os intervalos. Quando cheguei à parte do seminário em que enfatizo que a liderança é um processo, pedi a Brian que se levantasse para conversar com ele diante dos ouvintes. Eu disse:

— Brian, tenho observado você e estou muito impressionado com sua vontade de aprender, colher informações e crescer. Gostaria de contar-lhe um segredo que mudará sua vida.

Todos os que estavam na plateia pareceram inclinar-se um pouco mais para a frente.

— Acredito que, daqui a uns vinte anos, você será um *grande* líder. Quero encorajá-lo a tornar-se um eterno aprendiz da liderança. Leia livros, ouça gravações regularmente e continue a participar de seminários. Sempre que se deparar com conceitos importantes da verdade ou com uma citação importante, anote-os com cuidado para futuras consultas. Não será fácil — eu disse —, mas daqui a cinco anos, perceberá seu progresso, à medida que sua influência for maior. Em dez anos, desenvolverá uma competência que fará com que sua liderança seja altamente eficaz. Em

17

vinte anos, quando estiver com apenas 39 anos de idade, se continuar a aprender e a crescer, outros provavelmente começarão a pedir que os ensine sobre a liderança. Alguns ficarão perplexos. Olharão um para o outro e dirão: "Como ele ficou tão esperto de repente?" Brian, você pode ser um grande líder, mas isso não acontecerá em um dia. Comece a pagar o preço agora.

Essa verdade que serviu para o Brian também se aplica a você. Comece a desenvolver sua liderança hoje e, algum dia, experimentará os efeitos desse processo.

Quarta fase — *Avanço simplesmente por causa do que sei*

Quando estiver na 3ª fase, poderá ser muito eficaz como líder, mas terá de pensar em cada movimento que fizer. No entanto, ao chegar à 4ª fase, sua capacidade de liderar será quase automática. É nesse momento que experimentará a maior recompensa do mundo. Entretanto, a única maneira de chegar a essa fase é reconhecer o processo e pagar o preço.

APRENDA HOJE PARA LIDERAR AMANHÃ

A liderança é algo que se desenvolve dia após dia, e não de uma só vez; isso é uma realidade. A boa notícia é que sua capacidade de liderança não é estática. Independentemente de seu ponto de partida, você sempre é capaz de melhorar. Isso acontece até com quem já estreou no palco mundial da liderança. Embora a maioria dos presidentes dos Estados Unidos atinja seu auge enquanto está no poder, outros continuam a crescer e a tornarem-se melhores líderes mais tarde, como o ex-presidente Jimmy Carter. Algumas pessoas questionaram sua capacidade de liderar enquanto ele estava na Casa Branca, mas, nos últimos anos, o nível de influência de Carter não para de crescer. Sua grande honestidade e dedicação assistencial por meio do Hábitat para a Humanidade e de outras organizações ampliaram sua atuação. Hoje, todos ficam realmente impressionados com sua vida.

LUTANDO PARA SUBIR

Há um velho ditado que diz: Campeões não se tornam vitoriosos no ringue, ali, simplesmente são reconhecidos. Isso é verdade. Se você quiser ver em que momento alguém se torna um campeão, observe a rotina diária dessa pessoa. O ex-campeão de peso-pesado Joe Frazier afirmou: "Você pode traçar um plano de luta ou um plano de vida, mas quando a ação começa, está por conta de seus reflexos. Nessa hora, aparecem os efeitos de seu treinamento. Se trapaceou nas horas escuras da madrugada, será descoberto à luz do dia."[2] O boxe é uma boa analogia para o desenvolvimento da liderança, porque tem tudo a ver com a preparação diária. Ainda que tenha um talento natural, o indivíduo precisa preparar-se e treinar para ter sucesso.

Um dos maiores líderes dos Estados Unidos, o presidente Theodore Roosevelt, era fã de boxe. Na realidade, uma de suas citações mais famosas faz uma analogia ao boxe:

> O importante não é a crítica nem o indivíduo que mostra de que modo o homem forte tropeçou ou como aquele que faz proezas poderia tê-las realizado melhor. O crédito pertence ao homem que de fato está na arena, cuja face se desfigura com o pó, o suor e o sangue; que luta com coragem; que erra e que

tem muitas limitações; que conhece os maiores entusiasmos, as maiores devoções e que se consome em causas dignas; que, na melhor das hipóteses, conhece, ao final, o triunfo da sublime realização; e que, na pior das hipóteses, se fracassar, pelo menos fracassa ao mesmo tempo em que tem muita ousadia, para que seu lugar jamais seja entre aquelas almas frias e tímidas que não conhecem a vitória ou a derrota.

Como boxeador, Roosevelt não foi apenas um líder eficiente, mas também o mais brilhante de todos os presidentes dos Estados Unidos.

Um homem de ação

TR (apelido de Roosevelt) ficou conhecido por frequentar treinos regulares de boxe e de judô; enfrentava cavalgadas e longas e ferrenhas caminhadas. Um embaixador francês que visitara Roosevelt costumava contar sobre a vez em que acompanhou o presidente em uma caminhada pelo bosque. Quando os dois chegaram à beira de um rio, muito fundo para ser atravessado a pé, TR despiu-se e esperou que o dignitário fizesse o mesmo para que ambos pudessem nadar até o outro lado. Nada era obstáculo para Roosevelt. Seu entusiasmo e sua perseverança pareciam não ter limites. Como candidato à vice-presidência em 1900, fez 673 discursos e viajou 32 mil quilômetros, enquanto fazia campanha para o presidente McKinley. Anos após sua gestão presidencial, enquanto se preparava para fazer um discurso em Milwaukee, Roosevelt levou um tiro no peito vindo de um suposto assassino. Com uma costela quebrada e uma bala no tórax, Roosevelt insistiu em fazer o discurso de uma hora antes de deixar que o levassem para o hospital.

ROOSEVELT COMEÇOU DEVAGAR

De todos os líderes que os Estados Unidos já tiveram, Roosevelt foi um dos mais fortes — tanto física quanto mentalmente. Entretanto, não o era no começo. O presidente vaqueiro dos Estados Unidos nasceu em Manhattan, em uma família abastada e eminente. Quando criança, era fraco e muito doente. Acometido de asma, que o debilitava, e dotado de uma visão bastante fraca, era extremamente magro. Seus pais não sabiam ao certo se ele sobreviveria.

Aos 12 anos de idade, o pai do jovem Roosevelt disse-lhe: "Você tem boa cabeça, mas não tem corpo saudável, e, sem a ajuda do corpo, a mente não chega até onde deveria. Você tem de *desenvolver* o corpo." Foi isso o que ele fez. TR começou a usar um tempo *diário* para desenvolver o corpo e a mente, e continuou fazendo isso pelo resto da vida. Exercitava-se com pesos, fazia longas caminhadas, patinava no gelo, caçava, remava, andava a cavalo e lutava boxe. Assim que se formou em Harvard, estava pronto para enfrentar o mundo da política.

NÃO HÁ SUCESSO DA NOITE PARA O DIA

Roosevelt também não se tornou um grande líder da noite para o dia. Sua estrada rumo à presidência foi de crescimento lento e contínuo. Ocupando várias posições — de chefe do departamento de polícia da cidade de Nova York a presidente dos Estados Unidos —, ele continuou aprendendo e crescendo. Aperfeiçoou-se e, com o tempo, tornou-se um forte líder.

A lista de realizações de Roosevelt é notável. Sob sua liderança, os Estados Unidos emergiram como uma potência mundial. Ele ajudou o país a desenvolver uma marinha de primeira classe. Cuidou para que o Canal do Panamá fosse construído. Negociou a paz entre Rússia e Japão, tendo recebido o Prêmio Nobel da Paz durante o processo.

Quando as pessoas questionaram sua liderança — por ter assumido a presidência quando McKinley foi assassinado —, fez campanha e foi reeleito, o que não acontecera a nenhum outro presidente até então. Sempre um homem de ação, ao encerrar o mandato de presidente, em 1909, Roosevelt imediatamente viajou para a África, onde conduziu uma expedição científica patrocinada pelo Instituto Smithsonian.

Em 6 de janeiro de 1919, em sua casa em Nova York, Theodore Roosevelt morreu enquanto dormia. O vice-presidente em exercício, Marshall, disse: "A morte teve de levá-lo durante o sono, pois se Roosevelt estivesse acordado, teria sido uma luta." Quando o tiraram da cama, encontraram um livro sob seu travesseiro. Até o último momento, TR ainda se empenhava para aprender e aperfeiçoar-se.

Se você quiser ser um líder, a boa notícia é que isso é possível. Todos têm o potencial, mas isso não acontece da noite para o dia. Exige perseverança. Não ignore o fato de que se tornar um líder é um processo. Não se desenvolve liderança em um dia. Leva uma vida.

Capítulo 2

As características de um líder

Como me submeter à disciplina?

A primeira pessoa que você lidera é você mesmo

A estrada que leva ao topo é difícil. Poucas pessoas conseguem fazer parte do grupo em que estão os melhores em sua profissão. Um número ainda menor consegue ser visto como "o melhor". Entretanto, Jerry Rice conseguiu atingir esse objetivo. Ele é considerado o melhor receptor de bolas do futebol americano. Bateu recordes para provar isso.

Quem conhece bem Rice diz que ele é uma pessoa comum. Fisicamente, os talentos que Deus lhe deu são incríveis, mas, sozinhos, não teriam feito dele tão bom jogador. A verdadeira chave para seu sucesso foi sua autodisciplina. Ele se exercita e treina diariamente, diferente de qualquer jogador de futebol americano profissional.

Durante os treinos na época em que estava na escola, o técnico de Rice, Charles Davis, fazia os jogadores subirem e descerem correndo vinte vezes um morro de 36 metros de altura. Em um dia particularmente quente e úmido no Mississippi, Rice deu-se por vencido depois de completar o percurso 11 vezes. Enquanto saía às escondidas para o vestiário, percebeu o que estava fazendo.

23

"Não desista", pensou consigo mesmo. "Se adquirir o hábito de desistir, terá a sensação de que não há problema algum nessa atitude." Voltou e chegou ao fim da corrida; desde então, nunca mais fez corpo mole.

Como jogador profissional, Rice ficou famoso por sua habilidade de subir a todo vapor outro morro — uma trilha acidentada de quatro quilômetros em um parque em San Carlos, Califórnia —, que é parte regular de seu plano de exercícios. Outros jogadores importantes tentam acompanhá-lo, mas ficam para trás, surpresos com a perseverança de Rice. Entretanto, esse percurso é apenas parte da rotina de Rice. Mesmo fora de temporada, enquanto os outros jogadores ficam pescando ou descansando, aproveitando o período de folga, Rice continua se exercitando; sua rotina normal de exercícios vai das 7 horas da manhã ao meio-dia.

— O que os rapazes não compreendem sobre Jerry é que, para ele, o futebol dura 12 meses por ano — diz o zagueiro da Kevin Smith. — Ele é uma pessoa normal, porém sempre faz exercícios. Isso é o que diferencia os bons dos melhores.

Em 1997, Rice venceu outro morro em sua carreira: recuperou-se de uma terrível contusão. Antes desse incidente, jamais havia perdido um jogo em 19 temporadas, algo que atesta sua ética de trabalho disciplinado e sua completa tenacidade. Ao arrebentar o joelho em 31 de agosto de 1997, as pessoas pensaram que a temporada havia chegado ao fim para ele. Afinal, somente um jogador tivera um ferimento semelhante e voltara na mesma temporada, Rod Woodson, cuja recuperação do joelho deu-se em quatro meses e meio. A recuperação de Rice levou três meses e meio, devido a sua grande coragem, sua determinação e sua incrível autodisciplina. As pessoas jamais viram algo desse tipo antes, e é provável que não vejam outra vez. Rice continua a superar seus recordes e sua reputação, ao mesmo tempo que ajuda sua equipe a conquistar vitórias.

Uma direção disciplinada

Jerry Rice é um exemplo perfeito do poder da autodisciplina. Ninguém alcança e sustenta o sucesso sem ela. Independentemente dos talentos de um líder, tais talentos jamais chegarão ao potencial máximo sem autodisciplina. Ela impulsiona o líder a alcançar o nível mais alto e é uma chave para a liderança duradoura.

Se quiser tornar-se um líder que considera a autodisciplina um recurso útil, tome estas atitudes:

Desafie suas justificativas

Para desenvolver um estilo de vida disciplinado, uma das primeiras tarefas deve ser desafiar e eliminar qualquer tendência a justificar-se. Como disse o escritor clássico francês François La Rochefoucauld: "Quase todas as nossas falhas são mais desculpáveis do que os métodos que imaginamos para escondê-las." Se você tem várias razões pelas quais não pode ser uma pessoa autodisciplinada, entenda que essas razões realmente não passam de um monte de desculpas; todas elas precisam ser desafiadas, caso você queira passar para o próximo nível como um líder.

Cancele as gratificações até que o trabalho seja realizado

O autor Mike Delaney sabiamente observou: "Toda empresa ou atividade que oferece as mesmas gratificações para os funcionários que fazem corpo mole e para os funcionários diligentes, mais cedo ou mais tarde acabará com um número maior de funcionários que fazem corpo mole do que de funcionários diligentes." Se perder a autodisciplina, você poderá adquirir o hábito de saborear a sobremesa antes de experimentar as verduras.

Uma história ilustra o poder que há em recusar gratificações. Um casal de idosos estava em um acampamento havia alguns dias, quando uma família aproximou-se. Assim que a caminhonete da família parou, o casal e seus três filhos desceram do carro. Uma das crianças descarregou depressa geladeiras de isopor, mochilas e outros itens, enquanto as outras duas rapidamente montaram as barracas. Tudo ficou pronto em 15 minutos. O casal de idosos ficou surpreso.

— Pessoal, não há dúvida de que vocês trabalham muito bem em equipe — disse, admirado, o senhor idoso ao pai daquela família.

— Temos um sistema — replicou o pai. — Ninguém vai ao banheiro a menos que as barracas estejam montadas.

Mantenha-se concentrado nos resultados

Toda vez que se concentrar na dificuldade do trabalho, em vez de nos resultados ou nas gratificações, provavelmente ficará desanimado. Insista nessa atitude por muito tempo e você desenvolverá um sentimento de autopiedade e não uma autodisciplina. Da próxima vez que estiver diante de uma tarefa imprescindível e pensar em fazer o que for conveniente, em vez de pagar o preço, mude o foco. Pense nos benefícios decorrentes de fazer o que é certo e, então, vá fundo.

O autor H. Jackson Brown Jr. brincou: "O talento sem disciplina é como um polvo de patins. Há muito movimento, mas nunca se sabe se ele está indo para frente, para trás ou para o lado." Se você sabe que tem talento e tem visto muita ação mas poucos resultados concretos, pode estar faltando autodisciplina.

Observe a agenda da semana passada. Quanto de seu tempo você dedicou a atividades regulares e disciplinadas? Fez alguma coisa para crescer e para aperfeiçoar-se profissionalmente? Participou de atividades que visavam ao seu bem-estar físico? Aplicou parte de sua renda na poupança ou em investimentos? Se vem adiando essas coisas, dizendo para si mesmo que irá fazê-las mais tarde, talvez seja necessário exercitar sua autodisciplina.

Como devo estabelecer prioridades em minha vida?

A DISCIPLINA DE ESTABELECER PRIORIDADES E A HABILIDADE DE TRABALHAR NO SENTIDO DE ALCANÇAR UMA META ESTABELECIDA SÃO ESSENCIAIS PARA O SUCESSO DE UM LÍDER

O sucesso pode ser definido como *a concretização progressiva de uma meta predeterminada*. Essa definição diz que a disciplina de estabelecer prioridades e a habilidade de trabalhar visando alcançar uma determinada meta são essenciais para o sucesso de um líder. Na realidade, acredito que sejam as chaves para a liderança. Há muitos anos, enquanto me empenhava para conseguir uma posição empresarial, descobri o Princípio de Pareto, comumente chamado de princípio 20/80. Embora tivesse poucas informações sobre ele na época, comecei a aplicá-lo em minha vida. Passados alguns anos, percebo que é uma das ferramentas mais úteis para definir prioridades na vida de qualquer pessoa ou em qualquer organização.

O PRINCÍPIO DE PARETO: O PRINCÍPIO 20/80

Vinte por cento de suas prioridades irão render-lhe 80% de sua produção, *se* você aplicar tempo, energia, dinheiro e pessoal nos primeiros 20% de suas prioridades.

As linhas cheias na figura que ilustra o Princípio 20/80 representam uma pessoa ou organização que emprega tempo, energia, dinheiro e pessoal nas prioridades mais importantes. O resultado é um retorno quatro vezes maior na produtividade. As linhas pontilhadas representam uma pessoa ou organização que emprega tempo, energia, dinheiro e pessoal nas prioridades menos importantes. O resultado é um retorno muito pequeno.

EXEMPLOS DO PRINCÍPIO DE PARETO

Tempo:	20% de nosso tempo produzem 80% dos resultados.
Aconselhamento:	20% das pessoas absorvem 80% de nosso tempo.
Produtos:	20% dos produtos geram 80% do lucro.
Leitura:	20% do livro contêm 80% do conteúdo.
Trabalho:	20% de nosso trabalho são responsáveis por 80% de nossa satisfação.
Discurso:	20% de uma apresentação causam 80% do impacto.
Doações:	20% das pessoas darão 80% do dinheiro.
Liderança:	20% das pessoas tomarão 80% das decisões.
Piquenique:	20% das pessoas comerão 80% do lanche!

Todo líder precisa compreender o Princípio de Pareto na área de supervisão de pessoal e de liderança. Por exemplo, 20% das pessoas em uma organização serão responsáveis por

80% do sucesso da empresa. A estratégia a seguir permitirá a um líder aumentar a produtividade de uma organização.

1. Determine quem são as pessoas que constituem os 20% que mais produzem.
2. Passe 80% do tempo que reserva para gastar com pessoal com esses 20%.
3. Invista 80% de seu dinheiro no desenvolvimento pessoal desses 20%.
4. Defina quais são os 20% do trabalho que geram 80% do retorno e treine um assistente para fazer os 80% do trabalho menos efetivo. Isso "libera" aquele que produz para que faça aquilo que realiza melhor.
5. Peça aos primeiros 20% que deem treinamento prático aos próximos 20%.

Lembre-se de que ensinamos aquilo que sabemos e reproduzimos aquilo que somos. Preferências geram preferências. Ensino esse princípio em conferências sobre liderança e muitas vezes ouço a seguinte pergunta: "Como identificar os principais 20% dentre aqueles que influenciam ou produzem em minha organização?" Sugiro que você faça uma lista de todos que fazem parte de sua empresa ou de seu departamento. Em seguida, pergunte-se sobre cada um desses indivíduos: "Se essa pessoa agir de maneira negativa contra mim ou deixar de me dar suporte, qual será o possível impacto disso?" Se você não puder trabalhar sem essa pessoa, então coloque um sinal próximo ao nome dela. Se a pessoa for alguém que pode ajudá-lo ou prejudicá-lo, mas não incentivá-lo nem atrapalhá-lo em termos de capacidade para realizar coisas importantes, então não coloque um sinal próximo ao nome dela. Quando chegar ao final da lista, você terá marcado cerca de 15 a 20% dos nomes. Esses são os relacionamentos vitais que precisam ser desenvolvidos e que precisam dispor do número adequado de recursos necessários para promover o crescimento da organização.

ORGANIZE-SE OU AGONIZE

Lembre-se: não me refiro a quanto você trabalha, mas ao grau de inteligência com que realiza seu trabalho. A capacidade de lidar com três ou quatro projetos de máxima prioridade com sucesso é dever de todo líder.

Priorize tarefas

Muito Importante/Muito Urgente: Discuta esses projetos em primeiro lugar.

Pouco importante/Muito Urgente:Descubra formas rápidas e eficientes para realizar esse trabalho sem envolver grande parte do pessoal. Se possível, delegue-o a um assistente capaz de realizá-lo.

Muito Importante/Pouco Urgente: Defina prazos finais para término desses projetos e inclua-os em sua rotina diária.

Pouco Importante/Pouco Urgente: Este é um trabalho minucioso ou repetitivo, como o de arquivamento. Acumule-o e faça-o em períodos de meia hora todas as semanas; arrume outra pessoa para fazê-lo ou não o faça. Antes de adiar para o dia seguinte algo que você pode fazer hoje, pense bem. Talvez seja possível adiá-lo por tempo indefinido.

Faça uma opção ou saia perdendo

Toda pessoa tem uma iniciativa ou uma reação quando o assunto é planejamento. Um exemplo disso é nossa agenda. A pergunta não é: "Minha agenda ficará cheia?", mas: "Quem ocupará minha agenda?" Se somos líderes, a pergunta não é: "Verei pessoas?", mas: "A quem verei?" O que tenho observado é que os líderes tendem a tomar as iniciativas e os seguidores tendem a reagir. Observe a diferença:

Líderes	Seguidores
Iniciativa	Reação
Liderar; pegar o telefone e fazer contato	Ouvir; esperar o telefone tocar
Passar o tempo planejando; prever problemas	Passar o tempo vivenciando problemas do dia a dia e reagindo a eles
Investir tempo em pessoas	Passar tempo com pessoas
Encher a agenda de prioridades	Encher a agenda de pedidos

Avalie ou entre em um beco sem saída

Muitas vezes, as prioridades não estão bem definidas, são um pouco confusas. Descobri que a última coisa que se sabe é o que colocar em primeiro lugar. As seguintes perguntas irão ajudá-lo em seu processo de definir prioridades:

O que é exigido de mim? Um líder pode abrir mão de qualquer coisa, menos da responsabilidade final. A pergunta a que você sempre deve responder antes de aceitar um novo trabalho é: "O que é exigido de mim?" Em outras palavras: o que tenho de fazer que ninguém mais pode fazer? Independentemente de quais sejam essas obrigações, devem ser as primeiras em sua lista de prioridades. Não cumpri-las implica pertencer ao grupo de desempregados. Haverá muitas responsabilidades de níveis abaixo de sua posição, porém somente algumas exigem que seja você o único capaz de cumpri-las. Separe aquilo que você tem de fazer daquilo que pode ser delegado a outra pessoa.

O que me dá o maior retorno? O esforço empregado deve aproximar-se dos resultados esperados. Uma pergunta que devo continuamente fazer para mim é: "Estou fazendo aquilo que faço melhor e recebendo um bom retorno da organização?" Três problemas comuns em muitas organizações são:

- Poucos funcionários estão realizando muito trabalho.
- Muitos funcionários estão realizando pouco trabalho.
- Muitos funcionários estão fazendo as coisas erradas.

O que é mais gratificante? A vida é muito curta para não ser desfrutada. Quando gostamos do que fazemos, trabalhamos melhor. Há algum tempo, ministrei uma conferência para líderes na qual tentei ensinar esse princípio. O tema de minha palestra era: "Aceite este trabalho e ame-o." Incentivei as pessoas da plateia a descobrirem algo de que gostassem tanto de fazer a ponto de realizá-lo com prazer a troco de nada. Então, sugeri que aprendessem a realizá-lo tão bem de modo que os empregadores ficassem felizes em remunerá-las pelo trabalho. Assim, a pessoa se diverte e dá sua contribuição ao mundo.

O sucesso no trabalho aumentará consideravelmente se os três "erres": requisitos, retorno e recompensa forem equivalentes. Em outras palavras, se os requisitos de meu trabalho forem os mesmos que meus pontos fortes, que me dão maior retorno, e se fazer essas coisas me dá muito prazer, então terei sucesso ao pôr em prática minhas prioridades.

PRINCÍPIOS DA PRIORIDADE

As prioridades nunca "são as mesmas"

As prioridades constantemente mudam e exigem atenção. H. Ross Perot disse que tudo que é excelente ou louvável está, momento após momento, muito à frente e deve ser constantemente buscado. Prioridades bem definidas sempre estão "em vantagem".

Para definir bem as prioridades:

- Avalie: Reveja os três "erres" (Requisitos/Retorno/Recompensa) todos os meses.
- Elimine: Pergunte-se a respeito do que está fazendo que pode ser feito por outra pessoa.
- Avalie: Quais são os principais projetos que você está fazendo neste mês e quanto tempo levará para concluí-los?

Não se pode superestimar a insignificância de praticamente tudo

Adoro este princípio. É um pouco exagerado, mas precisa ser dito. William James disse que a arte de ser sábio é "a arte de saber o que negligenciar". As coisas triviais e terrenas roubam grande parte de nosso tempo. Muitas pessoas vivem pelas coisas erradas.

O doutor Anthony Campolo fala sobre um estudo sociológico no qual se fez a seguinte pergunta a cinquenta pessoas com idade superior a 95 anos: "Se você pudesse viver sua vida novamente, o que seria diferente?" Tratava-se de uma pergunta aberta, por isso diversas respostas vieram desses cidadãos mais velhos. Entretanto, três respostas apareceram constantemente e predominaram nos resultados do estudo. As respostas foram:

- Se eu tivesse de viver novamente, refletiria mais.
- Se eu tivesse de viver novamente, arriscaria mais.
- Se eu tivesse de viver novamente, faria mais coisas que perdurariam depois de minha morte.

Perguntou-se a uma jovem violinista de concertos o segredo de seu sucesso. Ela respondeu:

— Negligência planejada.

Em seguida, explicou:

— Quando estava na escola, havia muitas coisas que exigiam meu tempo. Ao ir para meu quarto depois do café da manhã, arrumava a cama, colocava o quarto em ordem, varria o chão e fazia tudo aquilo que achasse importante. Em seguida, corria para estudar violino. Descobri que não estava progredindo como pensei que deveria; assim, inverti as coisas. Enquanto o tempo de estudar violino não acabava, deliberadamente negligenciava todas as outras coisas. Esse programa de negligência planejada, a meu ver, é o responsável por meu sucesso.[1]

O BOM É O INIMIGO DO MELHOR

A maioria das pessoas é capaz de definir prioridades quando está diante de questões certas ou erradas. O desafio surge quando estamos diante de duas boas escolhas. Ora, o que devemos fazer? O que aconteceria se ambas as escolhas estivessem perfeitamente de acordo com os requisitos, o retorno e a recompensa de nosso trabalho?

Como escolher entre duas boas opções:

- Pergunte qual seria a opção de seu supervisor ou de seus colaboradores.
- Uma das opções pode ser deixada para outra pessoa? Em caso afirmativo, passe-a adiante e fique com aquela que somente você pode fazer.
- Qual das opções daria maior benefício ao cliente? Muitas vezes, somos como o comerciante que estava tão preocupado em manter a loja limpa que nunca abria a porta da frente. A verdadeira razão de ter uma loja é ter clientes que entrem nela, não limpá-la!
- Tome sua decisão com base no propósito da organização.

MUITAS PRIORIDADES NOS PARALISAM

Todo mundo já viu a mesa cheia de memorandos e papéis, o telefone tocando e a porta sendo aberta por um cliente, tudo ao mesmo tempo! Lembra-se da "sensação de frio no estômago" que sentiu?

William H. Hinson conta por que os treinadores de animais carregam um banquinho quando entram em uma jaula de leões. É óbvio que eles levam um chicote e uma arma a tiracolo. Contudo, invariavelmente, também carregam um banquinho. Hinson diz que o banquinho é a ferramenta mais importante do treinador. Ele o segura pela parte de trás e aponta as pernas do banquinho em direção ao focinho do animal selvagem. Aqueles que conhecem essa prática afirmam que o animal tenta concentrar-se nas quatro pernas de uma vez. Na tentativa, um tipo de paralisia domina o animal, e ele fica manso, fraco e incapacitado, pois sua atenção fica dividida. (Agora teremos mais empatia pelos leões.)

Se você está sobrecarregado de trabalho, especifique as prioridades em uma folha de papel à parte *antes* de apresentá-las a seu chefe e de ver o que ele escolherá como prioridades.

Ao final de cada mês, planejo e traço minhas prioridades para o mês seguinte. Sento-me com minha assistente e peço a ela que coloque esses projetos na agenda. Ela trata de centenas de coisas por mês para mim. No entanto, quando um assunto é de Grande Importância/Grande Urgência, eu comunico a ela para que possa colocá-lo em primeiro lugar. Todos os verdadeiros líderes aprenderam a dizer "não" ao bom para dizer "sim" ao melhor.

QUANDO PEQUENAS PRIORIDADES EXIGEM MUITO DE NÓS, GRANDES PROBLEMAS APARECEM

Robert J. McKain afirmou: "A maioria das metas principais não é realizada porque passamos nosso tempo fazendo primeiro aquilo que é secundário."

Muitas vezes, as coisas pequenas da vida nos passam uma rasteira. Um exemplo trágico é o de um avião a jato da Eastern Airlines que caiu nos Everglades, na Flórida. Tratava-se do agora famoso Voo 401, que saíra de Nova York com destino a Miami com uma grande quantidade de passageiros em férias. À medida que o avião se aproximava do aeroporto de Miami para fazer o pouso, a luz que indicava a posição adequada do trem de aterrissagem começou a falhar. O avião deu uma grande volta sobre os pântanos dos Everglades, enquanto a tripulação da cabina verificava se a engrenagem de fato não funcionara ou se, em vez disso, a lâmpada de aviso estava com defeito.

Quando o engenheiro de voo tentou remover a lâmpada, ela não saiu do lugar, e os outros membros da tripulação tentaram ajudá-lo. Enquanto pelejavam com a lâmpada, ninguém percebeu que a aeronave estava perdendo altitude, e o avião simplesmente foi direto para o pântano. Inúmeras pessoas morreram no acidente. Enquanto uma tripulação experiente de pilotos de grande valor tentava consertar uma lâmpada de 75 centavos, um avião cheio de passageiros caiu.

PRAZOS E EMERGÊNCIAS OBRIGAM-NOS A DEFINIR PRIORIDADES

Vemos isso na Lei de Parkinson: se tiver apenas uma carta para escrever, levará o dia todo para escrevê-la. Se tiver vinte cartas para escrever, irá escrevê-las em um dia. Qual é o período mais eficiente em nosso trabalho? A semana que antecede as férias! Por que nem sempre administramos nossa vida do modo como fazemos na semana anterior à nossa saída do escritório, tomando decisões, limpando a mesa, retornando ligações? Sob condições normais, somos eficientes (fazemos as coisas da maneira certa). Quando a pressão com relação ao tempo aumenta ou as emergências surgem, ficamos eficazes (fazemos as coisas certas). A eficiência é a base da sobrevivência. A eficácia é a base do sucesso.

Na noite de 14 de abril de 1912, o *Titanic*, um grande transatlântico, chocou-se contra um *iceberg* no Atlântico e naufragou, causando grande perda de vidas. Uma das histórias mais curiosas decorrentes do desastre foi a de uma mulher que conseguiu um lugar em um dos botes salva-vidas.

Ela perguntou se poderia voltar a seu camarote para buscar algo e teve apenas três minutos para fazê-lo. Em seu camarote, ignorou as joias e, em seu lugar, pegou três laranjas. Em seguida, voltou correndo para seu lugar no bote.

Antes do acidente, seria ridículo pensar que ela pudesse aceitar um engradado de laranjas em troca de um diamante, ainda que pequeno, mas as circunstâncias subitamente transformaram toda a escala de valores a bordo do navio. A emergência deixou claro quais eram as prioridades dessa mulher.

QUASE SEMPRE É MUITO TARDE QUANDO DESCOBRIMOS O QUE REALMENTE É IMPORTANTE

Gary Redding conta a seguinte história sobre o senador Paul Tsongas, de Massachusetts. Em janeiro de 1984, ele anunciou que deixaria o Senado dos Estados Unidos e que não tentaria a reeleição. Tsongas era uma estrela política em ascensão. Forte candidato à reeleição, havia sido mencionado como futuro candidato potencial à presidência ou à vice-presidência dos Estados Unidos.

Algumas semanas antes de seu comunicado, Tsongas descobrira que tinha uma espécie de câncer linfático incurável, mas que podia ser tratado. O câncer pode não ter afetado muito suas habilidades físicas nem sua expectativa de vida. A doença não forçou Tsongas a renunciar ao senado, mas forçou-o a enfrentar a realidade de sua própria natureza mortal. Não poderia fazer tudo o que tivesse vontade. Portanto, o que realmente gostaria de fazer durante o tempo que lhe restava?

Chegou à conclusão de que o que mais desejava na vida, e que não deixaria de lado se não pudesse ter tudo, era estar com sua família e ver seus filhos crescerem. Preferia fazer isso a instituir as leis da nação ou a ter seu nome nos livros de História.

Logo depois de sua decisão ser anunciada, um amigo escreveu uma nota para parabenizá-lo por organizar suas prioridades na ordem certa. A nota dizia: "Ninguém em seu leito de morte jamais disse: 'Gostaria de ter passado mais tempo em meus negócios'."

Como desenvolver confiança?

CONFIANÇA É A BASE DA LIDERANÇA

Uma das lições mais importantes que um líder pode aprender é sobre como a confiança funciona. Para mim, confiança se relaciona com ganhar e gastar uns trocados que estão em seu bolso. Toda vez que você toma uma boa decisão na liderança, isso coloca uns trocados em seu bolso. Toda vez que toma uma decisão insatisfatória, você tem de passar parte desses trocados para as pessoas.

Todo líder tem alguns trocados no bolso quando inicia uma nova posição de liderança. Daí em diante, ou ele junta mais trocados ou tem de usá-los. Se tomar uma decisão péssima após a outra, vai usando sua reserva. Então, um dia, após tomar a última decisão ruim, colocará a mão no bolso e perceberá que não há mais nada. Não interessa se o erro foi grave ou fútil. Quando você não tem o que dar, é descartado como líder.

A história de sucessos e fracassos de um líder faz uma grande diferença em sua credibilidade. Seu pessoal sabe quando você comete erros. A verdadeira pergunta é se você irá admiti-los. Em caso afirmativo, muitas vezes logo reconquistará a confiança das pessoas. Aprendi de imediato que, quando o assunto é liderança, não dá para cortar caminho, independentemente de quanto tempo há que se exerce a liderança.

As características da liderança

Há três qualidades que um líder deve ter para gerar confiança: competência, conexão e caráter. As pessoas perdoarão eventuais erros com base na capacidade, principalmente se puderem ver que você ainda está crescendo como líder. Entretanto, não confiarão em alguém que apresenta deslizes de caráter. Nessa área, até os lapsos ocasionais são fatais. Todos os líderes eficientes conhecem essa verdade. O presidente e diretor-executivo da PepsiCo, Craig Weatherup, reconhece: "As pessoas toleram erros sinceros, mas, se você trair a confiança delas, verá que é muito difícil reconquistá-las. Essa é uma das razões da necessidade de se discutir a questão da confiança como seu bem mais precioso. Dá para enganar seu chefe, mas jamais enganará os colegas ou subordinados."

O general H. Norman Schwarzkopf faz menção à importância do caráter: "A liderança é uma forte combinação de estratégia e caráter. Entretanto, se você tiver de ficar sem um deles, fique sem a estratégia." O caráter e a credibilidade na liderança sempre andam de mãos dadas. Anthony Harrigan, presidente do Conselho Empresarial e Industrial dos Estados Unidos, disse:

> O caráter sempre foi o principal fator na ascensão e na queda de uma nação. Saiba que os Estados Unidos não são exceção a essa regra da história. Não sobreviveremos como país porque somos mais espertos ou mais sofisticados, mas porque somos — essa é nossa esperança — mais fortes interiormente. Em resumo, o caráter é o único baluarte eficiente contra forças internas e externas que levam à desintegração ou ao colapso de um país.

O caráter viabiliza a confiança, e a confiança viabiliza a liderança.

O CARÁTER COMUNICA

O caráter comunica muitas coisas para os liderados:

Consistência

Não se pode contar diariamente com líderes que não têm força interior por causa de sua capacidade de efetuar mudanças constantemente. O grande Jerry West, da NBA (Associação Nacional de Basquete), comentou: "Ninguém realiza muitas coisas na vida se só trabalhar nos dias em que se sentir bem." Caso seu pessoal não saiba o que esperar de você como líder, mais cedo ou mais tarde deixará sua liderança.

Pense no que aconteceu no final da década de 1980. Vários líderes cristãos de grande destaque tropeçaram e caíram por causa de questões morais. Essa falta de consistência comprometeu sua capacidade de liderar sua congregação. Na realidade, foi o que fez cair em descrédito todos os pastores de todo o país, pois levou as pessoas a desconfiarem de todos os líderes das igrejas, independentemente de seu histórico pessoal. O caráter falho daqueles líderes que caíram destruiu a base de sua liderança.

Ao pensar em líderes que são exemplo de consistência de caráter, o primeiro nome que me vem à mente é Billy Graham. Independentemente de suas crenças religiosas pessoais, todos confiam nele. Por quê? Porque ele tem revelado grande caráter há mais de meio século. Põe em prática seus valores todos os dias. Jamais assume um compromisso a menos que possa cumpri-lo e esforça-se por ser a personificação da integridade.

Potencial

John Morley observou: "Nenhum homem pode ir além das limitações de seu próprio caráter." Isso é sobremodo verdadeiro quando falamos de liderança. Consideremos, por exemplo, o caso do técnico da NHL (Liga Nacional de Hóquei), Mike Keenan. Em meados de 1997, ele atingiu um notável recorde de vitórias no hóquei profissional: quinto maior número de vitórias em temporadas regulares, terceiro maior número de vitórias em lances decisivos, seis títulos da divisão, quatro participações nas finais da NHL e uma Taça Stanley.

Contudo, a despeito dessas louváveis credenciais, Keenan era incapaz de permanecer no mesmo time por um tempo considerável. Em 11 temporadas e meia, foi técnico de quatro times diferentes. Depois de vencido seu contrato no quarto time — o St. Louis Blues —, não conseguiu arrumar emprego por um bom tempo. Por quê? Eis o que fala o correspondente desportivo E. M. Swift sobre Keenan: "A relutância na contratação de Keenan pode ser *facilmente* explicada. Em todos os lugares por onde passou, provocou divisão entre os jogadores e a administração."[2] É óbvio que seus jogadores não confiavam nele. Nem os presidentes, que tinham como objetivo a vitória de seus times.

Craig Weatherup explica: "Não se gera confiança falando sobre ela, mas alcançando resultados, sempre com integridade e demonstrando verdadeiro respeito pelas pessoas com quem trabalha."[3] Quando o caráter de um líder é forte, as pessoas confiam nele e em sua habilidade de fazer vir à tona o potencial que elas têm. Isso não apenas dá aos que o seguem uma expectativa para o futuro, mas também estimula uma confiança sustentada em si e na organização.

Respeito

Sem força interior não se consegue ganhar o respeito, essencial para que a liderança seja duradoura. De que modo os líderes ganham respeito? Tomando decisões acertadas, admitindo erros e colocando o que é o melhor para aqueles que o seguem e para a organização acima de seus compromissos pessoais.

O bom caráter de um líder gera confiança em seus seguidores. No entanto, quando um líder destrói a confiança, perde sua capacidade de liderar. Lembrei-me novamente disso enquanto ouvia uma aula ministrada por meu amigo

Bill Hybels. Quatro vezes por ano, ele e eu promovemos um seminário chamado "Liderando e comunicando para mudar vidas". Bill estava dando uma palestra intitulada "Lições de uma liderança que foi um pesadelo" e compartilhava observações e percepções sobre alguns erros na liderança cometidos por Robert McNamara e pela administração de Johnson durante a guerra do Vietnã: a incapacidade de a administração priorizar múltiplos desafios, a aceitação de suposições erradas e o fracasso de Johnson em enfrentar sérios conflitos na equipe. Contudo, em minha opinião, a maior percepção que Bill compartilhou durante aquela conversa tinha a ver com o fracasso de líderes norte-americanos, incluindo McNamara, de enfrentar e de publicamente admitir os terríveis erros que haviam cometido na guerra no Vietnã. Suas ações destruíram a confiança do povo norte-americano, e os Estados Unidos passaram a sofrer com a repercussão desse incidente.

Nenhum líder pode destruir a confiança de seu pessoal e esperar manter o mesmo nível de influência. A confiança é a base da liderança. Viole a confiança de seu pessoal e estará acabado como líder.

Como ter visão de fato?

Só se pode pegar aquilo que se vê

Um dos maiores sonhadores do século XX foi Walt Disney. Alguém capaz de criar o primeiro desenho animado com som, o primeiro desenho animado em cores e o primeiro filme cinematográfico animado de longa metragem é definitivamente alguém de visão. Entretanto, as maiores obras-

-primas de Disney que revelaram sua visão foram a Disney-lândia e o Mundo de Walt Disney. O brilho dessa visão veio de um lugar inesperado.

Quando suas duas filhas eram pequenas, Walt costumava levá-las a um parque de diversão, na região de Los Angeles, aos sábados pela manhã. As meninas adoravam aquele lugar, e ele também. Um parque de diversão é o paraíso de uma criança, um lugar maravilhoso.

Walt ficava fascinado, sobretudo pelo carrossel. À medida que se aproximava de um deles, imagens claras iam ficando desfocadas, movimentando-se rapidamente ao som de uma música alegre e estereofônica. Entretanto, quando chegava mais perto e o carrossel parava, percebia que seus olhos lhe haviam pregado uma peça. Via cavalos de madeira, gastos e com a pintura trincada e lascada. Percebia que, de fato, somente os cavalos da fileira externa moviam-se para cima e para baixo. Os outros continuavam sem vida, presos ao chão.

A frustração do cartunista foi o que lhe inspirou uma grande visão. Em sua mente, vislumbrava um parque de diversão onde a ilusão não desapareceria, onde crianças e adultos poderiam desfrutar um clima de festa sem aquele ar de coisa antiga que acompanha alguns circos ou festivais. Seu sonho transformou-se na Disneylândia. Como afirmou Larry Taylor em *Be an Orange*, a visão de Walt poderia ser sintetizada da seguinte forma: "Sem pintura lascada. Todos os cavalos se movem."

OBSERVE ANTES DE LIDERAR

A visão é tudo para um líder. É completamente indispensável. Por quê? Porque é a visão que conduz o líder. Ela descreve o alvo. Lança e ateia o fogo que há dentro de seu coração, empurrando-o para a frente. É também a substância inflamável para os que o seguem. Mostre-me um líder sem visão, e eu lhe mostrarei alguém que não chegará a lugar algum. Na melhor das hipóteses, ficará andando em círculos.

Para compreender a visão e de que modo ela passa a fazer parte da vida de um bom líder, entenda o seguinte:

A visão começa no íntimo

Quando ensino em conferências, alguém de vez em quando me pede que dê uma visão para sua organização. Entretanto, não posso fazê-lo. Não se pode comprar, solicitar nem tomar emprestada uma visão. Ela deve partir de seu íntimo. Para Disney, visão nunca foi um problema. Por causa de sua criatividade e desejo pela excelência, sempre viu o que *poderia* vir a existir.

Se você perder a visão, olhe para dentro de si mesmo. Recorra a seus desejos e talentos naturais. Observe seu chamado, caso tenha algum. Se mesmo assim não conseguir enxergar sua própria visão, então pense em unir-se a um líder cuja visão vá ao encontro da sua. Seja parceiro dele. Foi o que fez Roy, irmão de Walt Disney. Era um bom empresário e líder, capaz de fazer com que as coisas acontecessem, mas foi Walt quem propôs a visão. Juntos formaram uma equipe incrível.

A visão aproxima-se de sua história

A visão não é uma qualidade mística que surge do nada, como algumas pessoas parecem acreditar. Nasce do passado de um líder e da história das pessoas a sua volta. Foi o que aconteceu com Disney e é o que acontece com todos os que estão na liderança. Converse com qualquer líder e certamente descobrirá, no passado dele, eventos importantes que contribuíram para a formação de sua visão.

A visão supre as necessidades de outros

A verdadeira visão tem longo alcance. Excede aquilo que um indivíduo é capaz de realizar. Se tiver verdadeiro valor, não apenas inclui outros, mas também atribui-lhes mais valor. Se você tiver uma visão que não seja útil para outros, é provável que seja extremamente pequena.

A visão ajuda a captar recursos

Um dos benefícios mais valiosos da visão é que ela age como um ímã — atraindo, desafiando e unindo pessoas. Também atrai recursos financeiros e outros investimentos. Quanto maior a visão, maior o potencial de atrair grande número de vencedores. Quanto mais desafiadora a visão, maior o empenho dos envolvidos em alcançá-la. Edwin Land, fundador da Polaroid, recomendou: "A primeira coisa que se deve fazer é ensinar as pessoas a perceberem que ter visão é algo ao mesmo tempo muito importante e quase impossível de acontecer. Isso traz à tona o ímpeto dos vencedores."

CONCENTRE-SE EM OUVIR

De onde vem a visão? Para encontrar a visão, que é indispensável ao líder, você tem de ser um bom ouvinte. Deve ouvir muitas vozes.

A voz interior

Como eu já disse, a visão começa no íntimo. Você sabe qual é a missão de sua vida? O que move seu coração? Qual é seu sonho? Se o que está procurando não for fruto de um desejo que vem de seu íntimo, do profundo de seu ser e daquilo em que você acredita, não será capaz de conquistá-lo.

A voz descontente

De onde vem a inspiração para as grandes ideias? Da observação daquilo que *não* funciona. Descontentar-se com o *status quo* é um grande catalisador para a visão. Você está andando como quem passeia tranquilamente no parque ou se vê ansioso por mudar o mundo? Nenhum grande líder na história lutou para impedir mudanças.

A voz do sucesso

Ninguém realiza grandes coisas sozinho. Para cumprir uma grande visão, você precisa de uma boa equipe, além de bons conselhos de alguém que esteja a sua frente na estrada da liderança. Se seu desejo é levar outros à grandeza, encontre um conselheiro. Você tem alguém assim para ajudá-lo a aguçar sua visão?

A voz mais sublime

Embora seja verdade que sua visão deve partir do íntimo, não a restrinja a suas capacidades limitadas. Uma visão realmente valiosa deve incluir Deus. Somente ele conhece sua capacidade plena. Você olha para fora de si e para além de sua própria existência enquanto busca sua visão? Se não, é provável que esteja deixando escapar seu verdadeiro potencial e aquilo que a vida tem de melhor para você.

Para melhorar sua visão, faça o seguinte:

Avalie-se. Se você já pensou na visão para sua vida e articulou-a, avalie o modo como a concretiza. Converse com diversas pessoas importantes, como seu cônjuge, um amigo íntimo e funcionários indispensáveis, pedindo que expressem o que acham de sua visão. Se *elas* puderem expressá-la, então é provável que *você* a esteja colocando em prática.

Faça um autoexame. Se você não pôs em prática grande parte de sua visão, passe as próximas semanas ou os próximos meses pensando nela. Considere o que realmente lhe causa impacto no íntimo. *O que faz você chorar? O que faz você sonhar? O que lhe dá energia?* Além disso, pense naquilo que você gostaria que fosse mudado no mundo ao seu redor. O que vê que não existe ainda, mas poderia existir? Uma vez que suas ideias comecem a ficar mais claras, escreva-as e converse com um conselheiro sobre elas.

De 1923 a 1955, Robert Woodruff trabalhou como presidente da Coca-Cola. Durante esse tempo, quis que a Coca-Cola estivesse à disposição de todo trabalhador norte-americano ao redor do mundo por cinco centavos, independentemente de quanto isso custaria à empresa. Que meta ousada! No entanto, nada se comparava à imagem mais ampla que se formava em sua mente. Durante sua vida, seu desejo era que todas as pessoas do *mundo* experimentassem uma Coca-Cola. Quando *você* procura uma visão bem no fundo de seu coração e alma, o que vê?

50

CAPÍTULO 3

O IMPACTO DE UM LÍDER

Por que a influência é importante?

A VERDADEIRA MEDIDA DA LIDERANÇA É A INFLUÊNCIA,
NADA MAIS, NADA MENOS

Se não tiver influência, nunca será capaz de liderar. Assim, de que modo descobrir e medir sua influência? Segue uma história para responder a essa pergunta.

No final do verão de 1997, as pessoas ficaram chocadas com dois eventos que ocorreram em menos de uma semana: a morte da princesa Diana e a de Madre Teresa. Em princípio, essas duas mulheres não poderiam ter sido mais diferentes. Uma delas era a princesa da Inglaterra, alta, jovem e deslumbrante, que circulava nas mais elevadas camadas da sociedade. A outra, que recebera um Prêmio Nobel da Paz, era uma freira, baixa e de idade avançada, nascida na Albânia, que servia aos mais pobres dentre os pobres em Calcutá, na Índia.

O incrível é que o impacto de ambas foi notavelmente similar. Em uma pesquisa realizada em 1996 e publicada pelo *Daily Mail*, de Londres, a princesa Diana e Madre Teresa foram eleitas em primeiro e segundo lugares como as duas pessoas mais generosas do mundo. Isso é algo que não acontece, a menos que se tenha muita influência. Como al-

51

guém como Diana veio a ser respeitada da mesma maneira que Madre Teresa? A resposta é que ela demonstrava o poder da influência.

DIANA CATIVOU A ATENÇÃO DO MUNDO

Em 1981, Diana tornou-se a pessoa mais comentada do mundo ao casar-se com o príncipe Charles da Inglaterra. Quase 1 bilhão de pessoas assistiram à cerimônia de casamento de Diana pela televisão, realizada na Catedral de São Pedro. Desde aquele dia, a impressão era de que as notícias a seu respeito nunca eram suficientes. Todos ficavam intrigados com Diana, uma cidadã comum, ex-professora de um jardim de infância. A princípio, parecia muito tímida e totalmente impressionada com toda a atenção que ela e seu novo marido estavam recebendo.

Logo no início de seu casamento, houve rumores de que Diana não estava muito feliz em cumprir os deveres que se esperavam dela como uma princesa. No entanto, com o tempo, ela se adaptou a seu novo papel. À medida que começou a viajar e representar a família real por todo o mundo em várias funções, rapidamente fez com que sua meta fosse servir e angariar fundos para inúmeras causas beneficentes. Durante o processo, desenvolveu muitas relações importantes, com políticos, organizadores de causas humanitárias, artistas e chefes de Estado.

Diana começou a convocar pessoas para causas como a pesquisa médica para a cura da Aids, o cuidado de pessoas com lepra e uma lei sobre minas terrestres. Foi muito influente ao levar essa última questão à apreciação dos líderes mundiais. Em uma visita aos Estados Unidos, poucos meses antes de sua morte, encontrou-se com membros da administração Clinton para convencê-los a apoiarem a conferência de Oslo, para banir o uso de minas terrestres. Algumas semanas mais tarde, mudaram de atitude. Patrick Fuller, da Cruz Vermelha Britânica, disse: "A atenção que ela deu à questão influenciou Clinton. Ela colocou o assunto na pauta mundial, não há dúvida disso."[1]

O SURGIMENTO DE UMA LÍDER

No início, o título de Diana era simplesmente uma plataforma para que tivesse acesso às pessoas, mas logo ela se tornou influente por seus próprios méritos. Em 1996, divorciou-se do príncipe Charles, perdeu o título, mas isso não diminuiu sua influência sobre as pessoas. Pelo contrário, sua influência continuou a aumentar, ao mesmo tempo que a de seu ex-marido e de parentes por afinidade diminuía, a despeito dos títulos e da posição nobre que possuíam.

Ironicamente, até na morte Diana continuou a influenciar outros. Ao ser transmitido pela televisão e pela Rádio BBC, de Londres, seu funeral foi traduzido para 44 línguas. A estimativa da NBC foi de que a audiência total chegou à casa de 2,5 bilhões de pessoas, número duas vezes maior que o de pessoas que assistiram a seu casamento.

A princesa Diana foi caracterizada de muitas maneiras. Entretanto, uma palavra que nunca ouvi sendo usada para descrevê-la é *líder*. Contudo, ela foi exatamente isso. Basicamente, fazia as coisas acontecerem porque tinha influência, e liderança é influência, nada mais, nada menos.

Cinco mitos sobre a liderança

Há muitos mitos e conceitos errados que as pessoas aceitam com relação a líderes e liderança. Seguem os cinco mais comuns:

1. O mito da administração

Um equívoco frequente é que liderar e administrar são duas coisas iguais. Até alguns anos atrás, os pretensos livros sobre liderança eram, muitas vezes, na verdade, sobre administração. A principal diferença entre uma coisa e outra é que a liderança tem a ver com influenciar pessoas para que sigam o líder, enquanto a administração concentra-se em manter sistemas e processos. A melhor maneira de testar se uma pessoa é capaz de liderar, em vez de apenas administrar, é pedir-lhe que crie uma mudança positiva. Os administradores conseguem manter determinada direção, mas não são capazes de mudá-la. Para fazer com que as pessoas sigam uma nova direção, é preciso influência.

2. O mito do empresariado

Costuma-se acreditar que membros de equipes de vendas e empresários são sempre líderes. Isso nem sempre acontece. Comerciais da empresa Ronco costumavam aparecer na televisão norte-americana anos atrás. Eram veiculados produtos como o cortador de alimentos para várias finalidades, a faca de bolso para o pescador e o mexedor de ovos. Esses produtos foram criados por um empresário chamado Ron Popeil. Conhecido como o vendedor do século, ele também costumava aparecer em inúmeros comerciais de produtos como *spray* para combater a calvície e aparelhos para desidratar alimentos.

Popeil é, sem dúvida, empreendedor, inovador e bem-sucedido, principalmente se pensarmos nos 300 milhões de dólares em vendas que seus produtos tiveram. Contudo, não é isso que faz dele um líder. Talvez muita gente compre o que ele tem para vender, mas não o estão seguindo. Na melhor das hipóteses, ele é capaz de persuadir as pessoas por um instante, mas não mantém uma influência por muito tempo.

3. O mito do conhecimento

Sir Francis Bacon disse: "Conhecimento é poder." A maioria das pessoas, acreditando que o poder é a essência da liderança, naturalmente admite que aqueles que possuem conhecimento e inteligência são líderes. Entretanto, isso não é automaticamente verdade. Visite qualquer uma das grandes universidades e vai encontrar ilustres cientistas na área de pesquisa e filósofos cuja capacidade de pensar é tão grande que chega a ser fora do comum, mas cuja capacidade de liderar é tão pequena que nem é levada em consideração. O QI elevado não equivale, necessariamente, à liderança.

4. O mito do pioneirismo

Outro erro conceitual é o de que qualquer pessoa que esteja à frente da multidão é um líder. No entanto, ser o primeiro nem sempre é o mesmo que ser líder. Por exemplo, Sir Edmund Hillary foi o primeiro homem a atingir o ponto mais alto do monte Everest. Desde sua escalada histórica, em 1953, muitas pessoas o "seguiram", no sentido de realizar o feito, mas isso não faz de Hillary um líder. Ele nem era o líder daquela expedição em particular. Quem a liderou foi John Hunt. Quando Hillary viajou para o polo Sul, em 1958, fazendo parte da Expedição da Comunidade Transantártica, estava acompanhando outro líder, Sir Vivian Fuchs. Para ser líder, é preciso não apenas estar à frente de um grupo, mas também fazer com que as pessoas o sigam por livre e espontânea vontade e ajam de acordo com sua visão.

5. O mito da posição

O maior equívoco sobre liderança é as pessoas pensarem que ela se baseia na posição, o que não é verdade. Stanley Huffty afirmou: "Não é a posição que faz um líder; é o líder que faz a posição."

Observe o que aconteceu, há vários anos, na Cordiant, uma agência de publicidade antes conhecida como Saatchi & Saatchi. Em 1994, investidores institucionais da agência forçaram a diretoria a demitir Maurice Saatchi, diretor-executivo da empresa. Qual foi o resultado? Vários executivos acabaram por segui-lo. O mesmo aconteceu com muitas das maiores contas da empresa, incluindo a British Airways e a fábrica de confeitos Mars. A influência de Saatchi era tão grande que sua saída fez com que as ações da empresa caíssem imediatamente de oito para quatro dólares por ação.[2] Saatchi perdeu o título e a posição, porém continuou a ser o líder.

QUEM É O VERDADEIRO LÍDER?

Aprendi, por experiência, o significado da influência quando aceitei meu primeiro trabalho fora da faculdade em uma igrejinha na região rural de Indiana. Apresentei-me com todas as credenciais adequadas. Fui contratado como pastor presidente, o que significava que possuía a posição e o título de líder naquela organização. Tinha a devida formação universitária. Até fui ordenado. Além disso, havia sido treinado por meu pai, um excelente pastor e líder de grande destaque na congregação. Isso me dava um bom currículo, mas não me tornava um líder. Em minha primeira reunião com o conselho, logo descobri quem era o verdadeiro líder naquela igreja. Assim que passei a ocupar minha posição, três anos mais tarde, aprendi a importância da influência. Reconheci que, para ganhar influência em qualquer organização e o direito de tornar-se o líder, era necessário muito trabalho.

LIDERANÇA SEM INFLUÊNCIA

Admiro e respeito a liderança de meu amigo Bill Hybels, pastor presidente da Willow Creek Comunity Church, em South Barrington, Illinois, a maior igreja da América do Norte. Bill diz que acredita que a igreja é o empreendimento em que a liderança acontece com maior intensidade na sociedade. Muitos empresários que conheço ficam surpresos quando ouvem essa afirmação, mas acho que Bill está certo. Qual é a base da convicção de Bill? A liderança posicional não funciona em organizações de voluntários. Se não tiver poder — ou influência —, então o líder não é eficiente.

Em outras organizações, a pessoa que tem posição adquire um poder incrível. No exército, os líderes utilizam sua posição e, se tudo o mais falhar, podem jogar os subalternos em uma cela. Em empresas, os chefes têm grande poder sobre salários, benefícios e bonificações. A maioria das pessoas que segue um líder é muito cooperativa quando seu sustento está em jogo.

Entretanto, em organizações de voluntários, como igrejas, a única coisa que funciona é a liderança em sua forma mais pura. Os líderes têm somente a influência para ajudá--los. Como observou Harry A. Overstreet: "A essência de todo poder para influenciar está em fazer a outra pessoa participar." Os seguidores em organizações de voluntários não podem ser forçados a cooperar. Se o líder não tiver influência sobre eles, não irão segui-lo. Se você é um empresário e realmente deseja descobrir se seu pessoal é capaz de liderar, faça com que passem tempo como voluntários na comunidade. Se conseguirem fazer com que as pessoas os sigam enquanto estiverem trabalhando na Cruz Vermelha ou em sua igreja local, então saberão que realmente têm influência e capacidade de liderança.

Eis meu provérbio favorito sobre liderança: "Aquele que pensa que é líder, mas não tem seguidores, está apenas dando uma volta." Se você não conseguir influenciar outras pessoas, elas não irão segui-lo. Se elas não o seguem, você não é um líder. Independentemente do que qualquer pessoa lhe diga, lembre-se de que liderança é influência, nada mais, nada menos.

Como funciona a influência?

O VERDADEIRO LÍDER É AQUELE QUE OS OUTROS SEGUIRÃO COM PRAZER E CONFIANÇA

Sociólogos dizem que até o indivíduo mais introvertido influencia dez mil outras pessoas durante a vida! Essa surpreendente estatística foi compartilhada comigo por meu sócio, Tim Elmore. Tim e eu chegamos à conclusão de que cada um de nós tanto está influenciando quanto sendo influenciado por outros.

A INFLUÊNCIA PODE SER DESENVOLVIDA

O líder de destaque de qualquer grupo é descoberto com muita facilidade. Observe as pessoas quando se reúnem. Se uma questão tiver de ser decidida, quem é a pessoa cuja opinião parece ser a mais valiosa? Com quem as pessoas logo concordam? O mais importante: quem é aquele que os outros seguem?

Robert Dilenschneider, diretor-executivo da Hill and Knowlton, uma agência de relações públicas com representação no mundo todo, é um dos corretores de maior influência do país. Habilmente espalha seu poder mágico de persuasão na arena global em que se reúnem governos e megaempresas. Escreveu um livro intitulado *Poder e influência: dominando a arte da persuasão*, no qual compartilha a ideia do "triângulo do poder" para ajudar líderes a serem prósperos. Ele diz: "Os três componentes desse triângulo são: comunicação, reconhecimento e influência. Você começa comunicando-se com eficácia. Isso leva ao reconhecimento que, por sua vez, leva à influência."[3]

OS NÍVEIS DE LIDERANÇA

Podemos aumentar nossa influência e nosso potencial de liderança se compreendermos os seguintes níveis de liderança:

5. PERSONALIDADE

Respeito
As pessoas seguem você em razão de quem é e do que representa.
Nota: Esse passo destina-se a líderes que passaram anos promovendo o crescimento de pessoas e organizações.

4. DESENVOLVIMENTO DE PESSOAS

Reprodução
As pessoas seguem você em razão daquilo que fez por elas.
Nota: É aqui que acontece o crescimento de longo alcance. Seu compromisso com o desenvolvimento de líderes assegurará o crescimento contínuo da organização e do pessoal. Faça todo o possível para atingir e permanecer neste nível.

3. PRODUÇÃO

Resultados
As pessoas seguem você em razão daquilo que fez pela organização.
Nota: É aqui que a maioria das pessoas percebe o sucesso. Elas gostam de você e daquilo que está fazendo. Problemas são solucionados com o mínimo esforço em virtude do momento.

2. PERMISSÃO

Relacionamentos
As pessoas seguem você porque querem.
Nota: As pessoas irão segui-lo além de sua autoridade declarada. Esse nível permite que o trabalho seja divertido. Aviso: Permanecer por muito tempo nesse nível sem crescer fará com que pessoas altamente motivadas fiquem inquietas.

1. POSIÇÃO

Direitos
As pessoas seguem você porque têm de fazê-lo.
Nota: Sua influência não ultrapassará as linhas da descrição de seu trabalho. Quanto mais tempo permanecer nesse nível, maior será a rotatividade e mais baixo será o moral.

Primeiro nível: Posição — *As pessoas seguem você porque têm de fazê-lo*

Esse é o nível básico de acesso à liderança. A única influência que você tem é aquela que vem com um título. As pessoas que permanecem nesse nível não saem de direitos territoriais, protocolos, tradições e gráficos organizacionais. Essas coisas não são negativas, a menos que se tornem as bases para a autoridade e a influência, mas são substitutos insatisfatórios para as capacidades de liderança.

É possível a uma pessoa estar "no controle" porque foi apontada para determinada posição. Nessa posição, pode ter autoridade. Entretanto, a verdadeira liderança é mais do que ter autoridade; é mais do que ter o treinamento técnico e seguir os procedimentos adequados. O verdadeiro líder é aquele que os outros seguirão com prazer e confiança. Um verdadeiro líder sabe a diferença entre ser chefe e ser líder.

- O chefe dirige seus trabalhadores; o líder os treina.
- O chefe depende da autoridade; o líder depende da boa vontade.
- O chefe inspira medo; o líder inspira entusiasmo.
- O chefe diz "eu"; o líder diz "nós".
- O chefe determina o culpado pelo fracasso; o líder conserta o fracasso.

Características de um "líder posicional"

A segurança está baseada no título, não no talento. Conta-se a história de um soldado raso, na Primeira Guerra Mundial, que gritou no campo de batalha a um superior:

— Fora desta batalha!

Descobriu, para seu pesar, que o ofendido era o General "Black Jack" Pershing. Quando o soldado, que temia uma punição severa, tentou balbuciar suas desculpas, o general Pershing bateu de leve em suas costas e disse:

— Tudo bem, filho. Alegre-se por eu não ser um segundo-tenente.

O ponto, aqui, é bem claro. Quanto maior o nível de capacidade e, consequentemente, de influência de uma pessoa, mais segura e confiante ela é.

Esse nível é muitas vezes obtido por designação. Todos os outros são conquistados por habilidade. Leo Durocher estava treinando na primeira base, em um jogo de exibição do qual os Giants, time de beisebol, participavam no West Point. Um iniciante barulhento ficou gritando com Leo e fazendo de tudo para perturbá-lo.

— Hei, Durocher — ele gritou. — Como um sujeito sem importância como você conseguiu entrar para as ligas principais?

Leo gritou:

— Um amigo que tenho no Congresso me indicou![4]

As pessoas não seguirão um líder posicional além de sua autoridade declarada. Elas farão somente aquilo que têm de fazer quando forem solicitadas a fazê-lo. Moral baixo é um fator sempre presente. Quando o líder perde a confiança, seus seguidores perdem o compromisso. São como o garotinho a quem Billy Graham pediu informação a respeito de como chegar a uma agência de correio mais próxima. Quando o garoto o orientou, o doutor Graham agradeceu-lhe e disse:

— Se você for ao centro de convenções nesta noite, poderá ouvir-me dizer como chegar ao céu.

— Acho que não vou... — o garoto respondeu. — Você nem sabe chegar à agência do correio!

Os líderes posicionais têm mais dificuldade em trabalhar com voluntários, colarinhos-brancos e pessoas mais jovens. Os voluntários não têm obrigação de trabalhar na organização, por isso não há poder monetário que um líder posicional use que os faça reagir. Os colarinhos-brancos estão acostumados a participar na tomada de decisão e se ofendem com a liderança ditatorial. A geração que nasceu após a Segunda Grande Guerra, em particular, não se impressiona com símbolos de autoridade.

As seguintes características devem ser exibidas com excelência neste nível antes que você possa avançar para o próximo:

- Conheça bem a descrição de seu trabalho.
- Conheça o histórico da organização.
- Associe o histórico da organização às pessoas da organização (em outras palavras, trabalhe em conjunto).
- Aceite responsabilidades.
- Faça seu trabalho com excelência consistente.
- Faça mais do que o esperado.
- Apresente ideias criativas para mudanças e melhorias.

Segundo nível: Permissão — *As pessoas seguem você porque querem*

Fred Smith diz: "Liderar é fazer as pessoas trabalharem por você quando não são obrigadas."[5] Isso somente acontecerá quando passar para o segundo nível de influência. As pessoas não ligam muito para o quanto você sabe até que tenham consciência do quanto se importa com elas. A liderança começa com o coração, não com a cabeça. Floresce de um relacionamento significativo, não de um número maior de regulamentos.

Uma pessoa no nível da "permissão" será líder por meio de relações mútuas. A programação de atividades não está relacionada à lei do mais forte, mas ao desenvolvimento do pessoal. Nesse nível, o líder concentra seu tempo, sua energia e sua atenção nas necessidades e nos desejos daquele que o segue. Uma maravilhosa ilustração para explicar por que é vital colocar as pessoas e suas necessidades em primeiro lugar é encontrada na história de Henry Ford no livro de Amitai Etzioni, *Organizações modernas*: "Ele criou um carro perfeito, o Modelo T, que pôs fim à necessidade de se ter outro. Investiu tudo naquele produto. Queria encher o mundo com carros Modelos T. No entanto, quando as pessoas começaram a aproximar-se dele e dizer: 'Senhor Ford, gostaríamos de um carro de cor diferente', ele observou: 'Vocês podem ter o carro da cor que quiserem, contanto que seja preto'. Foi aí que começou sua queda."

Pessoas que não conseguem construir relacionamentos fortes e duradouros logo descobrirão que são incapazes de manter uma liderança longa e eficaz. Não é preciso dizer que é possível amar as pessoas sem ter de liderá-las, mas é impossível liderá-las sem amá-las.

Aviso! Não tente pular de nível. O nível frequentemente ignorado é o segundo, *Permissão*. Por exemplo, um marido passa do primeiro nível, *Posição* — um título que adquire no dia do casamento —, para o terceiro nível, *Produção*. Torna-se o grande provedor da família, mas, no processo, ignora os relacionamentos essenciais que mantêm uma família unida, e a família se desfaz. Isso também acontece com os negócios. Nos relacionamentos, dá-se o processo que forma a liga e boa parcela da base para uma produção consistente e de longa duração.

As seguintes características devem ser dominadas nesse nível antes de avançar para o próximo:

- Ame genuinamente as pessoas.
- Faça com que aqueles que trabalham com você tenham mais sucesso.
- Veja pela ótica de outras pessoas.
- Ame mais as pessoas do que os procedimentos.
- Desenvolva situações em que a única opção seja vencer; do contrário, não desenvolva coisa alguma.
- Inclua outras pessoas em sua jornada.
- Seja inteligente ao lidar com pessoas difíceis.

Terceiro Nível: Produção — *As pessoas seguem você em razão daquilo que fez pela organização*

Neste nível, as coisas começam a acontecer — coisas boas. Aumentos nos lucros. Moral alto. Rotatividade baixa. Metas sendo alcançadas. É o "grande momento" de acompanhar o crescimento. Liderar e influenciar é diversão. Problemas são solucionados com o mínimo esforço. Novas estatísticas são compartilhadas regularmente com os que sustentam o crescimento da organização. Todos estão voltados para a busca de resultados. Na realidade, os resultados são a principal razão para a atividade.

Essa é a grande diferença entre o segundo e o terceiro nível. No nível de "relacionamento", as pessoas reúnem-se apenas para estar juntas. Não existe outro objetivo. No nível de "resultados", as pessoas reúnem-se para alcançar um objetivo. Gostam de se reunir para estarem juntas, mas adoram reunir-se para alcançarem algo. Em outras palavras, são orientadas para a obtenção de resultados.

As seguintes características devem ser dominadas com excelência antes de se avançar para o próximo nível:

- Inicie e aceite a responsabilidade pelo crescimento.
- Desenvolva e siga uma relação de objetivos.
- Inclua nos objetivos a descrição de suas atribuições e a energia para desenvolvê-los.
- Desenvolva a responsabilidade de obter resultados, começando por você.
- Saiba fazer e realize coisas que tragam grande retorno.
- Comunique a estratégia e a visão da organização.
- Torne-se um agente de mudança e entenda o momento.
- Tome decisões difíceis que farão a diferença.

Quarto nível: Desenvolvimento de pessoas — As pessoas seguem você em razão daquilo que fez por elas

Um líder é grande não pelo poder que tem, mas por sua habilidade de capacitar outros. Sucesso sem um sucessor é fracasso. A principal responsabilidade de um trabalhador é fazer o trabalho. O líder é responsável por desenvolver outros para realizarem o trabalho. O verdadeiro líder pode ser reconhecido porque, de algum modo, seu pessoal consistentemente demonstra desempenhos superiores.

A lealdade ao líder chega ao ponto máximo quando aquele que o segue cresceu mentalmente por meio do aconselhamento do líder. Observe a progressão: no segundo nível, o seguidor ama o líder; no terceiro nível, o seguidor admira o líder; no quarto nível, o seguidor é leal ao líder. Por quê? Conquista-se o coração de outros, ajudando-os a crescer como pessoas.

O núcleo dos líderes à sua volta deve ser constituído das pessoas que você influenciou ou que ajudou a desenvolver-se de algum modo. Quando isso acontecer, o amor e a lealdade serão demonstrados pelos que estão mais próximos a você e pelos que são influenciados por seus principais líderes.

Há, no entanto, um problema potencial, que é o de passar dos níveis de influência como um líder e ficar à vontade com o grupo que você desenvolveu a sua volta. Muitas pessoas novas podem vê-lo como um líder "posicional", uma vez que não teve contato com elas. Estas duas sugestões irão ajudá-lo a tornar-se alguém capaz de desenvolver pessoas:

1. *Caminhe devagar pela multidão*. Arranje meios de manter-se em contato com todos.

2. *Desenvolva os principais líderes*. Encontro-me sistematicamente com — e ensino — aqueles que são influentes dentro da organização. Eles, por sua vez, transmitem aos outros aquilo que lhes passei.

Seguem as características que devem ser dominadas nesse nível:

- Tome consciência de que as pessoas são seu bem mais valioso.
- Dê prioridade ao desenvolvimento do pessoal.
- Seja um modelo a ser seguido.
- Concentre seus esforços de liderança nos principais

20% de seu pessoal.

- Exponha os principais líderes às oportunidades de crescimento.
- Atraia outros vencedores/produtores para a meta em comum.
- Esteja cercado por um núcleo interno que complemente sua liderança.

Quinto nível: Personalidade — *As pessoas seguem você em razão de quem é e do que representa*

A maioria das pessoas ainda não atingiu este nível. Somente uma vida de liderança comprovada permitirá que passemos para o quinto nível e colhamos as recompensas infinitamente satisfatórias. Tenho consciência disto — quero sentar no topo desse nível algum dia. É possível.

As seguintes características definem o líder do quinto nível:

- Seus seguidores são leais e fazem sacrifícios.
- Você passou anos treinando e formando líderes.
- Você se tornou um estadista/consultor e é procurado por outros.
- Sua maior alegria está em ver outros crescerem e se desenvolverem.
- Você transcende à organização.

Subindo os degraus da liderança

Aqui estão algumas ideias adicionais sobre o processo dos níveis de liderança:

Quanto mais alto for, mais tempo levará

Toda vez que ocorrer uma mudança em seu trabalho ou você se unir a um novo círculo de amigos, comece no nível mais baixo e ponha-se a subir sozinho os degraus.

Quanto mais alto for, maior será o nível de compromisso

Esse aumento no nível de compromisso é uma via de mão dupla. Exige maior compromisso não apenas de você, mas também dos outros indivíduos envolvidos. Quando o líder ou seu seguidor não estiver disposto a fazer os sacrifícios que um novo nível exige, a influência começará a diminuir.

Quanto mais alto for, mais fácil será liderar

Observe a progressão do segundo para o quarto nível. O enfoque passa de gostar de você para gostar do que você faz em benefício do interesse comum, isto é, daquilo que faz pelo desenvolvimento pessoal de cada um. Cada nível atingido pelo líder e seus seguidores acrescenta outra razão para as pessoas terem vontade de segui-lo.

Quanto mais alto chegar, maior será o crescimento

O crescimento somente ocorre quando uma mudança efetiva acontece. Isso será mais fácil à medida que você escalar os níveis de liderança. Enquanto estiver subindo, outras pessoas aceitarão e até o ajudarão a fazer as mudanças necessárias.

O líder nunca deixa o nível básico

Cada nível fundamenta-se no anterior e virá abaixo caso o nível inferior seja negligenciado. Por exemplo, se passar do nível de permissão (relacionamentos) para o de produção (resultados) e deixar de preocupar-se com as pessoas que o seguem e que o ajudam a produzir, elas podem começar a desenvolver o sentimento de que estão sendo usadas. À medida que escalar os níveis, mais profunda e mais sólida será sua liderança sobre uma pessoa ou um grupo de pessoas.

Ao liderar um grupo de pessoas, nem todas estarão no mesmo nível

Nem todos responderão da mesma maneira à sua liderança.

Para que sua liderança continue eficaz, é essencial levar consigo outros influenciadores do grupo para níveis mais altos

A influência coletiva que você e os outros líderes exercem fará o restante avançar. Se isso não acontecer, uma divisão de interesse e lealdade ocorrerá dentro do grupo.

Saiba em que nível está neste momento

Uma vez que estará em níveis diferentes com pessoas diferentes, precisa saber quais pessoas estão em determinado nível. Se os que têm maior influência dentro da organização estiverem nos níveis mais altos e o apoiarem, então o sucesso de sua liderança será possível. Se os melhores influenciadores estiverem nos níveis mais altos e não lhe derem apoio, logo surgirão problemas.

Todos são líderes porque todos influenciam alguém. Nem todos serão grandes líderes, mas todos podem tornar-se líderes melhores. Você está disposto a expandir seu potencial de liderança? Usará sua habilidade de liderar para melhorar a humanidade?

Como aumentar minha influência?

O ATO DE CAPACITAR OUTRAS PESSOAS TRANSFORMA VIDAS

Um artista inglês chamado William Wolcott foi a Nova York, em 1924, para registrar suas impressões sobre essa fascinante cidade. Certa manhã, enquanto visitava o escritório de um ex-colega, teve vontade de fazer um desenho. Ao ver algumas folhas de papel sobre a mesa do amigo, perguntou:

— Posso pegar essas folhas?

— Não são folhas para desenho. São papéis comuns, para embrulhos — o amigo respondeu.

Sem querer perder aquele momento de inspiração, Wolcott pegou o papel de embrulho e disse:

— Nada é comum se você souber usá-lo.

Naquele papel simples, Wolcott fez dois desenhos. Mais tarde, no mesmo ano, um desses desenhos foi vendido por quinhentos dólares e o outro por mil dólares, quantias consideráveis em 1924.

As pessoas sob a influência de alguém que consegue capacitá-las são como folhas de papel comum nas mãos de um talentoso artista. Não importa do que foram feitas, podem transformar-se em tesouros.

A habilidade de capacitar outras pessoas é uma das chaves para o sucesso pessoal e profissional. John Craig observou: "Não importa a quantidade de trabalho que faça, não importa quão atraente sua personalidade seja, você não será muito próspero nos negócios se não puder trabalhar por meio de pessoas." O executivo empresarial J. Paul Getty afirmou: "Não faz muita diferença o grau de conhecimento ou

71

de experiência que um executivo possui; se for incapaz de atingir resultados por meio de pessoas, não terá valor como executivo."

Ao se tornar um capacitador, você trabalha com e por meio de pessoas, porém faz muito mais. Capacita outros a atingirem os níveis mais altos de seu desenvolvimento pessoal e profissional. Por simples definição, capacitar é influenciar com a finalidade de crescimento pessoal e organizacional. É compartilhar experiências — influência, posição, poder e oportunidades —, a fim de investir na vida das pessoas para que possam atuar da melhor forma. É vislumbrar o potencial delas compartilhando recursos e mostrando-lhes que você acredita totalmente nelas.

Talvez você já esteja capacitando algumas pessoas em sua vida sem ter consciência disso. Capacitar é confiar a seu cônjuge uma decisão importante e, depois, com alegria, dar-lhe apoio. Ao perceber que seu filho está pronto para atravessar a rua sozinho e dá-lhe permissão para fazê-lo, você o capacita. Ao delegar um trabalho desafiador a uma funcionária e dá-lhe a autoridade de que ela precisa para realizá-lo, você a capacita.

O ato de capacitar transforma vidas, e é uma situação satisfatória para você e para aqueles a quem capacita. Dar autoridade não é como abrir mão de um objeto, como seu carro, por exemplo. Se abrir mão de seu carro, você ficará impossibilitado de locomover-se. Não terá mais um meio de transporte. Entretanto, capacitar, transmitir sua autoridade tem o mesmo efeito de compartilhar informações: não se perde coisa alguma. Aumenta-se a capacidade de outros sem diminuir a sua.

QUALIDADES DE UM CAPACITADOR

Quase todos têm potencial para se tornar um capacitador, mas não é possível capacitar a todos. O processo somente funciona quando certas condições são cumpridas. É preciso ter:

Posição

Você não pode capacitar pessoas as quais não lidera. O especialista em liderança Fred Smith explicou "Quem pode permitir que alguém tenha sucesso? Uma pessoa com autoridade. Outros podem incentivar, mas a permissão só procede de um indivíduo com autoridade: um pai, chefe ou pastor."

Relacionamento

Diz-se que os relacionamentos são forjados, não formados. Eles exigem tempo e experiência comum. Se você fez um esforço para conectar-se às pessoas, então, quando estiver pronto para capacitá-las, seu relacionamento deverá ser sólido o suficiente para poder liderá-las. No processo, lembre-se do que escreveu Ralph Waldo Emerson: "Todo homem (ou mulher) tem o direito de ser valorizado por seus melhores momentos." Ao valorizar as pessoas e sua relação com elas, você lança a base para a capacitação.

Respeito

Os relacionamentos levam as pessoas a terem vontade de estar com você, mas o respeito faz com que queiram ser capacitadas por você. Respeito mútuo é essencial para o processo de capacitação. O psiquiatra Ari Kiev resumiu a questão desta forma: "Todos querem sentir que têm valor e que são importantes para alguém. Invariavelmente, as pessoas dedicarão amor, respeito e atenção a quem preencher essa necessidade." Quando acreditar, preocupar-se e confiar nas pessoas, elas sentirão isso. Esse respeito faz com que sintam vontade de seguir o caminho de sua liderança.

Compromisso

A última qualidade que um líder precisa para tornar-se um capacitador é o compromisso. O executivo da Força Aérea dos Estados Unidos Ed McElroy salientou que o "compromisso nos dá poder renovado. Independentemente do que nos aconteça: doença, pobreza ou desastre; nunca desviamos nossos olhos da meta". O processo de capacitação nem sempre é fácil, principalmente quando você o faz pela primeira vez. É uma estrada que tem muitos obstáculos e desvios. Entretanto, vale a pena percorrê-la, pois as recompensas são muito grandes. Lembre-se: ao capacitar pessoas, não estará apenas influenciando-as, mas também todas as pessoas que elas influenciam. Isso é impacto!

A ATITUDE CERTA

Mais um elemento importante na capacitação precisa estar em dia, se você quiser tornar-se um líder de sucesso: é preciso ter a atitude certa. Muitos negligenciam a capacitação por insegurança. Têm medo de perder o emprego para aqueles a quem ensinam. Não desejam ser substituídos nem demitidos, ainda que isso signifique que seriam capazes de alcançar uma posição mais alta e deixar que a posição atual fosse ocupada por aquele a quem ensinam. Têm medo da mudança. No entanto, a mudança é parte da capacitação pessoal e daqueles que são capacitados por você. Se quiser subir, há coisas às quais tem de estar disposto a renunciar.

Se você não tem certeza de sua postura e atitude em relação às mudanças envolvidas no processo de capacitar outros, responda a estas perguntas:

Questões que devem ser respondidas antes de iniciar

1. Acredito nas pessoas e as sinto como o bem mais precioso de minha organização?
2. Acredito que capacitar outros pode ser mais compensador do que minha realização pessoal?
3. Será que efetivamente procuro líderes potenciais a quem capacitar?
4. Estaria disposto a colocar outros em um nível superior a meu próprio nível de liderança?
5. Estaria disposto a investir tempo no desenvolvimento de pessoas que têm potencial para liderar?
6. Estaria disposto a permitir que outros recebessem o crédito por aquilo que lhes ensinei?
7. Concedo a outros liberdade de personalidade e de procedimento ou tenho de estar sempre no controle?
8. Estaria disposto a conceder publicamente minha autoridade e minha influência a líderes potenciais?
9. Estaria disposto a permitir que outros realizassem meu trabalho?
10. Estaria disposto a passar a batuta da liderança para as pessoas a quem capacito e realmente torcer por elas?

Se responder "não" para mais de duas perguntas, talvez você precise de um ajuste de atitude. Precisa acreditar nos outros para dar-lhes tudo o que pode, e em seu íntimo saber que isso não irá prejudicá-lo. Lembre-se de que, enquanto continuar a crescer e a desenvolver-se, sempre terá algo a oferecer e não precisará se preocupar com a possibilidade de ser substituído.

COMO CAPACITAR OUTROS PARA QUE ATINJAM SEU POTENCIAL

Uma vez que tenha confiança em si e nas pessoas que deseja capacitar, estará pronto a iniciar o processo. Sua meta deve ser delegar tarefas relativamente pequenas e simples, no início, e progressivamente aumentar suas responsabilidades e autoridades. Quanto mais inexperientes forem as pessoas com as quais estiver trabalhando, mais tempo levará o processo. Entretanto, independentemente de serem recrutas novatos ou veteranos experientes, ainda é importante conduzi-los ao longo de todo o processo. Aproveite os seguintes passos, que o orientarão a capacitar outros:

1. Avalie as pessoas

O ponto de partida na capacitação de pessoas é avaliá-las. Se você logo delegar muita autoridade às pessoas inexperientes, poderá levá-las ao fracasso. Se for muito devagar com pessoas que têm muita experiência, poderá frustrá-las e desmoralizá-las.

Lembre-se de que todas as pessoas têm potencial para o sucesso. Seu trabalho é enxergar o potencial, descobrir o que lhes falta para serem desenvolvidas e municiá-las com aquilo de que precisam. Ao avaliar as pessoas que pretende capacitar, observe estas áreas:

Conhecimento. Pense no que elas precisam saber para realizarem qualquer tarefa que pretende conferir-lhes. Não tome por certo que sabem tudo aquilo que você sabe. Faça-lhes perguntas. Forneça-lhes histórias ou informações referentes à experiência. Tenha visão, apresentando-lhes um contexto mais amplo de como suas ações se ajustam à missão e às metas da organização. Conhecimento não é apenas poder, é o que capacita.

Capacidade. Examine o nível de capacidade das pessoas que deseja capacitar. Nada mais frustrante do que ser solicitado a realizar coisas para as quais não tem capacidade alguma. Seu trabalho como capacitador é descobrir o que o trabalho exige e certificar-se de que seu pessoal tem o que precisa para obter sucesso.

Desejo. O filósofo grego Plutarco observou: "O solo mais rico, se não cultivado, produz as piores ervas daninhas." Nenhum grau de capacidade, conhecimento ou potencial pode ajudar as pessoas a terem sucesso se elas não tiverem desejo de tê-lo. Contudo, quando há desejo, a capacitação é grandemente facilitada. Como escreveu o ensaísta francês do século XVII Jean La Fontaine, "o homem foi criado para que, sempre que algo inflamar sua alma, as impossibilidades desapareçam".

2. Seja um modelo

Até as pessoas com conhecimento, capacidade e desejo precisam saber o que se espera delas, e a melhor maneira de informá-las é mostrando-lhes. As pessoas realizam o que veem.

Aqueles a quem deseja capacitar precisam visualizar o que é voar. Por ser o orientador deles, você é a pessoa mais indicada para mostrar-lhes. Seja exemplar nas atitudes e na ética de trabalho que gostaria que adotassem. Toda vez que puder incluí-las em seu trabalho, leve-as com você. Não há melhor maneira de ajudá-las a aprender e a compreender o que você deseja que façam.

3. Deixe que tenham sucesso

Como líder e capacitador, acredite que todos desejam ter sucesso e automaticamente lutam por ele, provavelmente como aconteceu com você. Entretanto, nem todos que influencia pensarão da mesma forma que você. Ajude outros a acreditarem que podem ter sucesso e mostre-lhes que você deseja que eles o tenham. Como fazer isso?

Espere por isso. O autor e palestrante profissional Danny Cox recomendou: "É importante lembrar que, se você não tiver aquele entusiasmo que inspira e que é contagiante, tudo aquilo que tiver também é contagiante." As pessoas podem perceber sua atitude, independentemente do que você diga ou faça. Se tiver a expectativa de que seu pessoal terá sucesso, todos perceberão.

Verbalize isso. As pessoas precisam ouvi-lo dizer que acredita nelas e que deseja que tenham sucesso. Diga-lhes com frequência que sabe que terão sucesso. Envie-lhes avisos de incentivo. Torne-se um firme profeta do sucesso delas. Reforce suas ideias sempre que puder.

Uma vez que reconhecerem e compreenderem que você realmente deseja sucesso a elas e que está comprometido a ajudá-las, começarão a acreditar que podem realizar aquilo que lhes é atribuído.

4. Delegue autoridade

Muitas pessoas estão dispostas a dar responsabilidade a outros. Têm prazer em delegar-lhes tarefas. Entretanto, capacitar outros é mais do que compartilhar sua carga de trabalho. É compartilhar seu poder e sua capacidade para realizar coisas.

O especialista em administração Peter Drucker afirmou: "Nenhum executivo sofreu porque seus subordinados eram fortes e eficientes." As pessoas ficam fortes e eficientes somente quando lhes é dada a oportunidade de tomar decisões, iniciar ações, solucionar problemas e vencer desafios. Quando isso acontece, a liderança que capacita é, por vezes, a única vantagem real que uma organização tem sobre outra em nossa sociedade competitiva.

5. Demonstre publicamente que confia em seus liderados

Ao delegar pela primeira vez autoridade às pessoas que capacita, precisa dizer-lhes que acredita nelas, e precisa fazê-lo em público. O reconhecimento público permite que saibam que você acredita que terão sucesso, mas também permite que as outras pessoas com as quais estão trabalhando saibam que têm seu apoio e que sua autoridade lhes dá suporte. É uma forma tangível de compartilhar (e difundir) sua influência.

À medida que formar líderes, mostre a eles e a seus seguidores que têm sua confiança e autoridade. Descobrirá que rapidamente estarão capacitados a terem sucesso.

6. Incentive

Embora seja necessário elogiar publicamente seus liderados, você não permitirá que cheguem muito longe se não lhes der um incentivo sincero e positivo. Reúna-se em particular com eles para prepará-los, comentando quais foram seus erros, suas falhas e suas decisões injustas. A princípio, alguns talvez passem por momentos de dificuldade. Durante esse período inicial, tente dar-lhes o que precisam, não o que merecem. Elogie qualquer progresso que façam. As pessoas fazem aquilo que é elogiado.

7. Solte-os para que continuem por si

Independente de quem esteja capacitando — funcionários, filhos, colegas ou cônjuge —, seu principal objetivo deve ser soltá-lo para que tome decisões acertadas e tenha sucesso por si. Isso significa dar-lhe a maior liberdade possível tão logo esteja pronto.

O presidente Abraham Lincoln foi um mestre na capacitação de líderes. Por exemplo, quando indicou o general Ulysses S. Grant como comandante das Forças Armadas dos Estados Unidos, em 1864, enviou-lhe a seguinte mensagem: "Não questiono nem desejo saber algo referente a seus planos. Assuma a responsabilidade, aja e conte com meu apoio."

Essa é a atitude que precisa ter como capacitador. Atribua autoridade e responsabilidade e ofereça apoio, quando necessário. O maior capacitador de minha vida é meu pai, Melvin Maxwell. Sempre me incentivou a ser a melhor pessoa possível dando-me sua permissão e poder, quando estava a seu alcance. Anos mais tarde, conversando com ele a respeito disso, meu pai revelou-me sua filosofia:

— Nunca, conscientemente, limitei você, desde que soubesse que o que estava fazendo era moralmente correto.

Ora, essa é uma atitude que capacita!

Os resultados da capacitação

Se você lidera qualquer tipo de organização — empresa, clube, igreja ou família —, aprender a capacitar outros é uma das coisas mais importantes que fará como líder. A capacitação tem um retorno incrivelmente alto. Não apenas ajuda os indivíduos a quem habilita, tornando-os mais confiantes, enérgicos e produtivos, mas também melhora sua vida, concede mais liberdade, promovendo o crescimento e a saúde de sua organização.

À medida que capacitar outros, descobrirá que a maior parte dos aspectos de sua vida mudará para melhor. Capacitar outros vai liberá-lo para dedicar mais tempo às coisas importantes de sua vida, aumentará sua influência com os outros e, na melhor das hipóteses, terá impacto incrivelmente positivo sobre os que capacita.

Como fazer com que minha liderança seja permanente?

O valor permanente de um líder é avaliado pela sucessão

Em 1997, morreu um dos melhores líderes empresariais do mundo. Seu nome era Roberto Goizueta, presidente e diretor-executivo da Coca-Cola Company. Em um discurso que fez para o Clube de Executivos de Chicago, alguns meses antes de sua morte, Goizueta fez a seguinte afirmação: "Há 1 bilhão de horas, a vida humana apareceu na Terra. Há 1 bilhão de minutos, surgiu o cristianismo. Há um bilhão de segundos, os Beatles apresentaram-se no programa *The Ed Sullivan Show*. Um bilhão de coca-colas vendidas... isso foi ontem pela manhã. O que nos perguntamos agora é: 'O que fazer nesta manhã para repetir esse evento de um bilhão de coca-colas vendidas?'"

Fazer com que a Coca-Cola fosse a principal empresa do mundo foi o objetivo de toda a vida de Goizueta, algo que ele ainda buscava com diligência, quando morreu súbita e inesperadamente. A perda de um diretor-executivo muitas vezes leva as empresas a passarem por uma situação crítica, principalmente se seu afastamento é inesperado, como foi o caso de Goizueta. Pouco antes de sua morte, Goizueta disse em uma entrevista para o *Atlanta Journal-Constitution* sobre a aposentadoria: "Ela não é minha bússola. Enquanto estiver me divertindo como agora, enquanto tiver a energia necessária, enquanto não impedir que as pessoas tenham seu lugar ao sol e enquanto a diretoria quiser minha permanência, eu ficarei."[6] Alguns meses após essa entrevista, ele recebeu o diagnóstico de câncer. Seis meses depois, veio a falecer.

A respeito da morte de Goizueta, o ex-presidente Jimmy Carter observou: "Talvez nenhum outro líder empresarial nos tempos modernos tenha ilustrado de modo tão belo o sonho americano. Ele acreditava que, nos Estados Unidos, todas as coisas eram possíveis. Viveu esse sonho. Em razão de sua extraordinária habilidade de liderança, ajudou milhares de outras pessoas a realizarem seus sonhos também."

O LEGADO DE GOIZUETA

O legado deixado para a empresa por Goizueta é incrível. Quando assumiu a Coca-Cola, em 1981, a empresa valia 4 bilhões de dólares. Sob sua liderança, esse valor subiu para 150 bilhões. Trata-se de um aumento de mais de 3.500%! A Coca-Cola chegou a tornar-se a segunda empresa mais valiosa dos Estados Unidos, à frente de fabricantes de automóveis, de indústrias petrolíferas, da Microsoft, da Walmart e de todo o resto. A única empresa mais valiosa era a General Electric. Muitos acionistas da Coca-Cola ficaram milionários ao longo do tempo. A Emory University, em Atlanta, cujo portfólio contém grande bloco das ações da Coca-Cola, agora tem uma fundação de porte comparável ao de Harvard.

Entretanto, ações de valor elevado não constituíram o mais importante legado de Goizueta à empresa Coca-Cola, pelo contrário, o importante foi a forma como deixou esse legado. Quando a morte do diretor-executivo foi anunciada, não houve pânico entre os acionistas da Coca-Cola. Emanuel Goldman, analista da Paine Webber, disse que Goizueta "preparou a empresa para sua ausência melhor que qualquer executivo que já vi".

Como ele fez isso? Primeiro, tornando a empresa o mais forte possível. Segundo, preparando um sucessor para a principal posição chamado Douglas Ivester. Mickey H. Gramig, escritor de *Atlanta Constitution*, relatou: "Diferente de algumas empresas que enfrentam uma crise quando o principal executivo as deixa ou falece, espera-se que a Coca-Cola mantenha seu prestígio como uma das empresas mais admiradas do mundo. Goizueta preparou Ivester para seguir seus passos desde sua indicação na Geórgia, em 1994, para o posto nº 2 da empresa. Como um indício de como a bolsa de valores de Wall Street continuava segura em relação à posição da Coca-Cola, as ações da empresa mal se movimentaram, seis semanas atrás, quando Goizueta recebeu o diagnóstico de câncer no pulmão."[1]

Doug Ivester, formado em contabilidade, iniciou sua carreira na Coca-Cola em 1979 como inspetor-assistente. Quatro anos mais tarde, foi nomeado chefe do departamento financeiro. Ficou conhecido por sua excepcional criatividade financeira e foi uma das principais forças de Goizueta em sua habilidade para revolucionar a abordagem da empresa quanto a investimentos e tratamento de dívidas. Por volta de 1989, Goizueta deve ter chegado à conclusão de que Ivester tinha potencial de sobra, pois o tirou de sua função estritamente financeira e o mandou para a Europa para adquirir experiência na área operacional e internacional. Um ano mais tarde, Goizueta tornou a trazê-lo e nomeou-o presidente da Coca-Cola nos Estados Unidos, posição em que supervisionava despesas e a área de *marketing*. A partir de então, continuou a prepará-lo e, em 1994, não havia dúvida de que Ivester seguiria Goizueta até a posição principal.

Goizueta constituiu-o presidente e diretor de operações. O que Roberto Goizueta fez foi muito incomum. São poucos os presidentes de empresas hoje que desenvolvem líderes fortes preparando-os para assumir a organização. John S. Wood, consultor da Egon Zehnder International Inc., observou que "as empresas, nos últimos anos, não têm investido muito na capacitação dos funcionários. Se não conseguem fazer seu próprio pessoal crescer, têm de ir atrás de outros".

Assim, por que Roberto Goizueta foi diferente? Ele conhecia o efeito positivo de ser um mentor direto.

Roberto Goizueta nasceu em Cuba e estudou em Yale, onde se formou em engenharia química. Quando voltou para Havana, em 1954, atendeu a um anúncio no jornal que procurava por um químico bilíngue. A empresa que o estava contratando era a Coca-Cola. Por volta de 1966, tornou-se vice-presidente de pesquisa e desenvolvimento técnico no escritório central da empresa em Atlanta. Ele era o homem mais jovem a ocupar essa posição na empresa. Entretanto, no início da década de 1970, algo ainda mais importante aconteceu. Robert W. Woodruff, patriarca da Coca-Cola, trouxe Goizueta sob sua proteção e começou a trabalhar em seu desenvolvimento. Em 1975, Goizueta tornou-se o vice-presidente executivo da divisão técnica da empresa e assumiu outras responsabilidades empresariais, como supervisor de casos legais. Em 1980, com a bênção de Woodruff, Goizueta tornou-se presidente e diretor de operações. A razão pela qual Goizueta escolheu, desenvolveu e preparou um sucessor na década de 1990 foi edificar sobre o legado que recebera vinte anos antes.

LÍDERES QUE DEIXAM UM LEGADO DE SUCESSÃO

Líderes que deixam um legado de sucessão para sua organização fazem o seguinte:

Lideram a organização com uma "visão ampla"

Quase todos podem fazer uma organização parecer boa momentaneamente — iniciando um programa ou produto novo e impressionante, arrastando multidões para um grande evento ou cortando o orçamento de modo a promover a linha principal. Entretanto, os líderes que deixam um legado têm uma abordagem diferente. Têm tanto o amanhã quanto o hoje em mente. Foi o que fez Goizueta. Tinha planos de continuar na liderança, desde que fosse eficiente, contudo preparou um sucessor. Sempre procurava os melhores interesses da organização e de seus acionistas.

Criam uma cultura de liderança

As empresas mais estáveis têm líderes fortes em todos os níveis da organização. A única maneira de desenvolver essa liderança é promovendo o desenvolvimento de líderes como parte da cultura da empresa. Esse é um aspecto forte do legado da Coca-Cola. Quantas empresas de sucesso você conhece que tiveram uma sucessão de líderes de dentro da própria organização?

Pagam o preço hoje para garantir o sucesso amanhã

Não há sucesso sem sacrifício. Cada organização é única, e isso dita o preço a ser pago. Entretanto, qualquer líder que deseja ajudar sua organização deve estar disposto a pagar o preço para garantir o sucesso duradouro.

Valorizam a liderança em equipe acima da liderança individual

Independentemente do quanto seja bom, nenhum líder pode fazer tudo sozinho. Assim como no esporte um técnico precisa de um time de bons jogadores para vencer, uma organização precisa de uma equipe de bons líderes para ter sucesso. Quanto maior a organização, mais forte, mais ampla e mais intensa a equipe de líderes precisa ser.

Afastam-se da organização com integridade

No caso da Coca-Cola, o líder não teve a oportunidade de afastar-se, porque teve uma morte inesperada. Contudo, se estivesse vivo, creio que Goizueta teria feito exatamente isso. Quando chega o momento de um líder deixar a organização, tem de estar disposto a afastar-se e deixar seu sucessor fazer o que é preciso. Interferir serve apenas para prejudicar a si e a empresa.

Poucos líderes deixam algo

Max Dupree, autor de *Leadership Is an Art* [A liderança é uma arte], declarou: "A sucessão é uma das principais responsabilidades da liderança." Contudo, de todas as características da liderança, deixar um legado parece ser aquela que poucos líderes aprenderam. A realização acontece na vida de alguém quando é capaz de desempenhar grandes feitos. O sucesso acontece quando capacita seguidores a fazerem grandes coisas com ele. A importância vem à tona quando desenvolve líderes para fazerem grandes coisas por ele. Entretanto, um legado é criado somente quando alguém coloca sua organização na posição de fazer grandes coisas sem ele.

Aprendi a importância do legado de um modo difícil. Uma vez que a igreja crescia muito quando eu estava em minha primeira posição de liderança, em Hillham, Indiana, achei que fosse um sucesso. Quando iniciei o trabalho ali, tínhamos somente três pessoas que frequentavam a igreja. Por três anos, formei aquela igreja, alcancei a comunidade e influenciei a vida de muita gente. Quando saí, a média de frequência era de duzentas pessoas, e nosso recorde superou o número de trezentas pessoas. Eu tinha programas adequados, e tudo parecia um mar de rosas para mim. Achava que realmente havia feito algo importante.

Dezoito meses depois de mudar para minha segunda igreja, fui almoçar com um amigo, que não via havia algum tempo, que acabara de estar em Hillham. Perguntei-lhe como andavam as coisas por lá e fiquei surpreso em ouvir sua resposta.

— Não muito boas... — ele respondeu.

— Sério? — perguntei. — Por quê? As coisas estavam ótimas quando saí de lá. O que há de errado?

— Bem — ele disse —, é uma espécie de recaída. Alguns dos programas que você iniciou acabaram. A igreja conta apenas com cerca de cem pessoas. Talvez fique ainda menor e acabe fechando.

Aquilo realmente me incomodou. Um líder odeia ver algo em que derramou seu suor, sangue e lágrimas começar a fracassar. A princípio, fiquei aborrecido com o líder que ocupara meu lugar. Entretanto, isso me acertou em cheio. Se eu tivesse feito um trabalho realmente bom ali, o líder que ficou em meu lugar, bom ou ruim, não viria ao caso. A falha era realmente minha. Não havia preparado a organização para ter sucesso após minha saída. Foi a primeira vez que percebi a importância do legado.

MUDANÇA DE PARADIGMA

Depois disso, comecei a observar a liderança de um modo completamente novo. Todo líder, por fim, deixa sua organização de uma forma ou de outra. Pode mudar de cargo, ser promovido ou aposentar-se. Ainda que uma pessoa se recuse a aposentar-se, irá morrer. Isso me fez perceber que parte de meu trabalho como líder era começar a preparar meu pessoal e minha organização para o que inevitavelmente viria pela frente. Isso fez com que mudasse meu enfoque de um trabalho de liderar seguidores para o desenvolvimento de líderes.

Meu principal valor, como o de qualquer líder, seria avaliado por minha capacidade de dar à organização uma sucessão estável. A melhor história de sucessão de minha vida tem a ver com minha saída da Igreja Skyline. Quando cheguei ali pela primeira vez, em 1981, fiz com que uma de minhas principais metas fosse a identificação e o desenvolvimento de líderes, porque sabia que nosso sucesso dependia disso. Ao longo dos 14 anos em que estive lá, minha equipe e eu desenvolvemos literalmente centenas de líderes notáveis, tanto voluntários quanto membros da equipe.

Uma de minhas maiores alegrias na vida é saber que a Skyline é mais forte agora do que quando a deixei, em 1995. Jim Garlow, meu sucessor como pastor presidente, está realizando um trabalho maravilhoso ali. No outono de 1997, Jim pediu-me que fosse à Skyline e ministrasse em uma festa que tinha como objetivo angariar fundos para a próxima fase do projeto de construção, e tive o prazer de aceitar seu convite.

Cerca de 4.100 pessoas participaram do evento no Centro de Convenções de San Diego, localizado na bela enseada da cidade. Minha esposa, Margaret, e eu realmente gostamos de encontrar e de conversar com muitos de nossos velhos amigos. Sem dúvida, senti-me privilegiado por ser o principal pregador da noite. Foi uma bela celebração, e um verdadeiro sucesso. As pessoas comprometeram-se a doar mais de 7,8 milhões de dólares para a construção do novo templo da igreja.

Assim que concluí a pregação, Margaret e eu saímos rapidamente do salão. Queríamos que a noite fosse de Jim, uma vez que ele era agora o líder da Skyline. Por causa disso, sabíamos que seria melhor se saíssemos antes que a programação chegasse ao fim. Enquanto descíamos as escadas, segurei a mão dela e a apertei com força. Foi maravilhoso saber que o que havíamos começado há tantos anos continuava progredindo. É como meu amigo Chris Musgrove diz: "O sucesso não é medido pelo que deixou feito, mas pelo que deixou para trás."

No final da história, sua capacidade de liderar não será julgada pelo que realizou pessoalmente nem mesmo pelos feitos de sua equipe durante seu mandato. Você será avaliado pelo bom desempenho de seu pessoal e de sua organização depois de sua saída. O valor permanente será medido pela sucessão.

NOTAS

CAPÍTULO 1

1. LOVE, John F. *McDonald's: Behind the Arches*. Nova York: Bantam Books, 1986.
2. "The Champ", *Reader's Digest*, janeiro de 1972, p. 109.

CAPÍTULO 2

1. ALLEN, R. Earl. *Let It Begin in Me*. Nashville: Broadman Press, 1985.
2. SWIFT, E. M., "Odd Man Out", *Sport Illustrated*, pp. 92-96.
3. SHAW, Robert, "Tough Trust", *Leader to Leader*, inverno de 1997, pp. 46-54.

CAPÍTULO 3

1. Citado em www.abcnews.com em 4 de fevereiro de 1998.
2. STEWART, Thomas A., "Brain Power: Who Owns It... How They Profit from It", *Fortune*, 17 de março de 1997, pp. 105-106.
3. DILENSCHNEIDER, Robert L. *Poder e influência: dominando a arte da persuasão*. Rio de Janeiro: Record, 1994.

4. MCKENZIE, E. C. *Quips and Quotes*. Grand Rapids: Baker, 1980.

5. SMITH, Fred. *Learning to Lead*, Waco: Word, 1986, p. 117.

6. GRAMIG, Mickey H. *Atlanta Constitution*, 10 de novembro de 1997.

Este livro foi impresso no Rio de Janeiro, em 2022,
pela Vozes, para a Thomas Nelson Brasil
A fonte usada no miolo é Joanna MT.
O papel do miolo é avena 80g/m², e o da capa
é cartão 250g/m².